草泥馬也會談戀愛嗎？

Do Llamas Fall In Love?

33篇療癒系哲學難題與解答

僅將此書獻給那些永遠缺乏奉獻的人

序言

哲學是一種病，唯有哲學能夠治癒。

如果你疑惑並思忖著世上為什麼（或究竟是否）有些事該去做，有些事不該去做——有些被歸為好事，有些是壞事——那你可說是個哲學家。如果你好奇事物的真相，例如人的心智是不是只有大腦，世界是不是上帝創造的，那你可說是個哲學家。如果你三不五時會提出「這一切的意義是什麼？」或「這有什麼意義？」之類的問題，更加證明了你過著哲學家的生活。

哲學家就著三個範疇——事情應該如何、事情實際如何、為何存在意義——不斷論證、辯駁，他們迂迴穿梭，時而踉蹌，最後釐清問題。還有第四範疇，關於知識的取得：從其他三方面的問題當中，我們如何（或是否可以）獲得知識。這又衍生出第五範疇，關於邏輯：所有問題應如何推理、論證，才能得到正確結論。

本書討論的問題都與上述五個範疇有關，書中所引之謎題（puzzle）、困惑（perplexity）及一些正式的悖論（paradox），內容涵蓋廣泛，從道德上的苦痛，人類對藝術、民主、宗教的理解，到關於語言、邏輯與愛的悖論，再到理性以及動物實驗應如何施行為佳。

書中呈現的謎題、故事與小對話能啟發思考，都是我們每天生活所面對的深奧難題。哲學給人的印象，也許是遙不可及、抽象、不切實際，但是哲學所討論的主題卻未必如此，且通常不是如此。本書所討論的哲學困惑往往發生在日常生活中，偶而點綴一些小幽默。哲學可以充滿趣味，還會使人上癮。哲學反思的是我們對世界及自我的最基本理解，並試著揭露存在其中的誤解。現在我就舉幾則小故事，告訴各位誤解是怎麼發生的。

「摩爾，你一向講真話嗎？」

二十世紀初葉，劍橋出了兩個赫赫有名的哲學家：羅素（Bertrand Russell）和摩爾（G. E. Moore）。人們眼中的摩爾是個誠實磊落之人，羅素則老於世故，情史豐富，又愛惡作劇。一日，羅素故意鬧摩爾，問他是否向來都講真話、從不撒謊。謙卑的摩爾回答：

「不是。」這下子我們該作何解釋？

摩爾的回答意思是：「我不是一向講真話。」我們假設摩爾這是在謙虛，他過去確實未曾說過半句假話，那摩爾這句回答就等於在說：「我現在講的不是真話。」這下教人摸不著頭腦了。他現在講的不是真話，既然從他嘴裡說出又不會是假話。假如這句是真話，那就不是真話，於是成了悖論。在本書的〈迷思6〉和〈迷思15〉，我們會看到相關的悖論及謙懷的表現。

一個陳述若無論如何不可能為真，那就是自我矛盾。這個句子既是用中文寫的，也不是用中文寫的，這無論如何都不可能成立。兩個陳述若一個為真、另一個必為假，或一個為假、另一個必為真，則互相矛盾。哲學家要求前後一致，不可出現矛盾或其他不一致的情況。

「外面」的自然世界其實並不存在不一致，是我們在表達、思考、談論這個世界時陷入了糾結，不一致才因此出現。前面我們在反思摩爾回答羅素的話時，便是這種情況。哲學思考，揭開存在於我們平時立場和生活方式中的矛盾，這可謂是一種哲學病*。哲學思

* 哲學病（the philosophical disease）的引言出自維根斯坦。

考，亦引領我們從糾結的黑暗走向光明，它是希望，是治癒我們的希望。

「他沒能教我什麼。」

說到二十世紀最偉大的哲學家，維根斯坦（Ludwig Wittgenstein）當之無愧。他初到劍橋，馬上被視為歷經折磨又目中無人的天才。羅素（沒錯，就是前面提到的那個羅素）要他跟隨舉世公認的邏輯學家強森（W. E. Johnson）修習邏輯，只維持一個學期他就不學了。後來維根斯坦告訴羅素：「他沒能教我什麼。」強森則向友人透露：「我沒能教他什麼。」

兩人表述的是同一件事，都與強森有關，意義卻截然不同。強森眼裡的維根斯坦年輕氣盛、自以為是，根本無心問學。維根斯坦覺得強森是跟不上時代的老古板。後來兩人變成摯友，維根斯坦欣賞強森的琴藝多過於他的邏輯學識。

這個故事告訴我們，意義——一句話所要表達的事——很重要，事件的脈絡、動機和前提都必須加以留意。倘若我說：「昨晚我在電視上看到首相，他沒喝醉。」單由這句陳述，邏輯上不意味他通常喝醉。但是若把脈絡和前提考慮進去，就是暗示他常喝醉，此即這句話的「會話暗示」（conversational implicature）。

哲學家李維（Casimir Lewy）是摩爾和維根斯坦的學生，有一次他被問到對同事的新書有什麼看法。李維用他濃濃的波蘭腔說：「印刷用紙相當精美。」一語道盡。這件事最近又被提起，聽完的人問：「所以，李維對那本書的看法**到底**是什麼？」回答的人也很妙：「我剛才不是已經說了嗎？」

維根斯坦曾說過很有名也極具爭議的一句話：「哲學是反對我們的理智受到語言蠱惑之戰鬥。」不過許多哲學家持強烈反對，認為哲學謎題不能簡化成語言問題（你可以邊讀邊思考自己的看法），不過眾所同意的是，哲學非常需要關照語言問題。

「把待洗衣物拿來」和「水果或堅果」

齊克果（Søren Kierkegaard）是十九世紀丹麥哲學家，現在被視為宗教存在主義者。有一天，他看到一家商店門口牌子上寫著「把待洗衣物拿來」，馬上奔回住處，打包髒衣服到店裡來。結果這家店根本不是洗衣店，是賣商店招牌的。這則故事提醒我們，判斷一個牌子是做什麼用時，宜謹慎小心。欲正確解讀招牌的作用，就必須考量招牌所放置的位置。當我們考量到自己該如何行動，如何解讀尤為關鍵。

我前面提到，「外面」的自然世界本不存在悖論和不一致。問題並不隨著世界一起出現，是隨著我們對世界的反思才冒出來。道德世界則不同，它攸關你我的生活和行為方式，可以說本身就包含難以理解的不一致。這些不一致，不單純是我們對外在世界的思考過程中出了謬誤而造成。

現實世界中，連恩愛喝酒，但他從來不喝酒，這是不可能、是矛盾。反觀道德世界，連恩應該信守承諾，也不該信守承諾，似乎就是可能。連恩答應和海德薇見面，他就應該做到，不然海德薇會生氣——而他不該讓海德薇生氣。可是他又不該和海德薇見面，這樣瑪麗亞會生氣，而他不也該讓瑪麗亞生氣。這種兩難在道德和政治生活裡經常出現，本書〈迷思1〉、〈迷思3〉、〈迷思20〉、〈迷思28〉將會探討。

道德真理的客觀性也是個問題。一件事情為真，得要有世界上的某個東西使之為真，即「使之為真者」（truth maker）。嗯，看起來是這樣。倘若我們堅持這個假設沒錯，也認定道德真理確實存在，世界上就需要某個使道德真理為真的角色。〈迷思22〉簡短地思索了這個問題，你會發現，使之為真者的角色可能有點荒謬。

這裡用一個非關道德的例子來說明，是由伊莉莎白・安斯康姆（Elizabeth Anscombe）

所提出的「水果或堅果」。數年前，她在研討會上提出，曾經看過巧克力包裝上寫著「水果或堅果」。如今回想起來，這巧克力可以是水果口味，可以是堅果口味，也可以是水果**加**堅果的綜合口味。但「水果**或**堅果」是怎麼回事？「巧克力是水果或堅果口味」這個命題的使之為真者到底是什麼？從這個例子可以看出，有關使之為真者的疑惑，並不局限於道德真理的範疇。

哲學：對抗蠱惑的戰鬥

哲學所探討的核心主題皆來自於日常生活：我們的經驗，我們對世界、自我和待人處事的信念，以及每當夜深人靜，思索人生意義而陷入的痛苦欲絕。哲學家不需操作物理實驗，不用跋山涉水去探險，也不做考古挖掘這類苦差事。我們喜歡窩在扶手椅裡，拿著紙筆（按著鍵盤），外加一杯美酒相伴。雖然如此，其他領域對這個世界的研究調查，都是哲學思考的範疇，物理方面、心理方面、宗教方面都是。〈迷思18〉會看到此類範例。

哲學家是好奇寶寶，任何人身上發生的任何事，都是哲學探究的題材。話說好奇心殺死一隻貓，幸好哲學家不是喵星人，不然肯定活不久。誠如維根斯坦所言：「哲學家之所以為哲學家，乃因他不屬於任何一個思想社區的居民。」哲學家不局限於單一領域的思考。

哲學家運用的是理性論證。畢竟要證明自己不是在做夢，無法用實驗來驗證。你做了實驗，得到了結論，這一切也可能是夢境。

哲學有時被認為「沒有正確或錯誤」答案，這個想法是不對的。論證謬誤時有所見，最明顯的是假設錯誤。哲學可以讓蠱惑浮現。儘管如此，困惑仍在。相較之下，直截式邏輯和數學問題只要解釋開了，就清楚了。以下例子只涉及三個人，是典型的直截式問題：

> 奧斯柏只愛潘妮洛普，潘妮洛普只愛昆丁。奧斯柏是個哲學家，昆丁不是。
> 請問有哲學家愛上了非哲學家嗎？

答案是「是」、「不是」抑或「不知道」呢？本序言最後的注解會提供答案。*

哲學家常用不同的光線（觀點）來呈現世界和問題。光線（觀點）能照亮（闡明）問題，卻也引發更多問題。以下就是一種照亮——我是說，試圖闡明問題的實例。

尼采（Nietzsche）提出永恆回歸（eternal recurrence）的假說，他說是「最沉重的重量」（the greatest weight）。此生是否讓我們快樂，並願意讓它永恆地反覆再來一次，每回一模一樣地復現呢？當然，倘若每次復現都一模一樣，宇宙的運行也一模一樣，我們必然無法覺察，甚至懷疑復現的概念。但是永恆回歸的描繪，是要我們專注心靈於此生，去思考當如何活、珍視何種生命、能承受何種重量。本書將於〈迷思32〉、〈迷思33〉探討這個問題。

有人打趣地形容，哲學家就像是盲人在漆黑的房間內尋找黑貓——一隻根本不存在的黑貓。當你思索這些謎題，有時找得到貓，有時找不到。這場哲學病有時久久不癒，有時得以緩解。無論哪一種情況，我希望你發現這趟探索的旅程中，沿途風光明媚、趣味橫生，富饒你的心靈。至少，我希望在這趟旅程中，「啟發」和「思考」兩個詞會不時冒出來。哲學的終點乃是心靈之平靜。然而未經一番寒徹骨，哪得梅花撲鼻香呢？

＊直截式邏輯問題（straight puzzles）由約翰．尚德（John Shand）所提出，發表在《科學美國人：頭腦》（*Scientific American Mind*）雜誌的二〇〇九年十二月號。這一題的答案為「是」，因為潘妮洛普可能是哲學家也可能不是。假若她是，那麼情況就是哲學家（潘妮洛普）愛上了非哲學家；假若她不是，那麼情況仍是哲學家（奧斯柏）愛上了非哲學家。

推薦序一

哲學中毒

國際NGO工作者兼作家／褚士瑩

就像英國哲學爺爺彼得・凱夫（Peter Cave）在他的哲學新書《草泥馬也會談戀愛嗎？》序裡面開宗明義說的：「哲學是一種病，唯有哲學能治癒。」這種感覺，喜歡思考的人看了都會會心一笑吧？因為思考就像飛行一樣，雖然危險，卻又讓人瘋狂上癮，一旦享受到思考的自由，就像學會飛的幼鳥，是無法繼續以在地上輕盈地跳著小碎步而滿足的——雖然跳躍本身並沒有什麼錯。

這種病，我常常戲稱為「哲學中毒」。

而我日常的工作之一，就是擔任哲學中毒者思考的引導者，確保他們越陷越深，無法自拔。

咦？為什麼聽起來像藥頭？我換一個比喻好了。就像飛行或游泳，教練只能「引導」，但是不可能「教」，思考也是這樣。

我引導別人的同時，也需要別人的引導，讓我可以不被自己思考的習慣限制，保持思考的彈性，就像琤淙的流水一樣。

就像喜歡釣魚的人，不只喜歡自己釣魚，一定也喜歡看別人釣魚，但一個不喜歡釣魚的人，恐怕無論如何也無法理解，為什麼網路電視竟然會有釣魚頻道。

如果我用線上遊戲拿來做比喻的話，似乎就更加容易理解了。在哲學思考的世界裡，每一個哲學家、哲學踐行者，就像是電競遊戲的直播主，我們當然是為遊戲著迷的，但是直播主不一定是電競選手，電競選手也不是每一種遊戲都專精，所以一個好的直播主，必須自信、誠實、謙遜、樂於分享。

就像一起打遊戲是快樂的，我們一起思考也是快樂的。

閱讀英國哲學爺爺彼得．凱夫「機器人三部曲」，包括之前的《為了活命，你會吃人嗎？》《機器人會變成人嗎？》，還有最新這一本《草泥馬也會談戀愛嗎？》，感覺就像在看哲學直播主的網路直播，我可以在任何時候隨便翻開其中一篇，看別人怎麼打這個我熟悉的遊戲，這個遊戲叫做「生活」，我們一起跟著那個想要減肥，但是又渴望一口咬下濃郁奶油麵包的女生，思考「意志薄弱」倒底是不是出於理性。下一回，我們又跟著保守的姨媽一起站在客廳，為著那一幅技巧高超、但是內容淫穢的圖畫，到底要不要掛在牆上而掙扎。

彼得．凱夫就是那個直播主，透過他的腦袋，我看著一個高手如何藉由語言、故事、影像與幽默，讓哲學與深度思考變得生動活潑。看的同時我也在想，如果換成我當直播主，我會怎麼直播同一件事。

自己一個人的時候，可以按照思考的遊戲規則，不斷練習，增強自己功力。跟別人在一起的時候，也可以組隊跟隊友一起打怪練功，彼此關注對方思考的路徑，成為彼此的哲學直播主。

喜歡思考的人，生活中沒有片刻無聊的時候。

推薦序二

哲學的理性思考與人道關懷

本書譯者／丁宥榆

哲學經常予人遙不可及、唯有哲學家才可碰觸的印象，哲學家彼得．凱夫卻用三十三則趣味小故事，告訴我們哲學不但很生活，還很勸世。

總說真理是愈辯愈明，但是狡辯與理性對話之間的界線還是在的。哲學的一個迷人之處，在於它不是給你答案，是教你思考。書中的理性思考和人道關懷令我感受最深，在當前的社會氛圍下，這是我們缺乏的素養。

讀哲學，不光只是要弄清楚草泥馬到底能不能談戀愛（雖然讀著讀著真的會很想弄個清楚）。別忘了，「哲學是一場對抗蠱惑的戰鬥」。在資訊爆炸的社會裡，我們習慣無條件接收媒體來的訊息，對於背後的根據幾乎不太去思索，或者視相關為因果，或者倒果為因，無關也能渲染成因果。我們太容易被語言所操弄，因而更需要理性思考和邏輯思辯的能力。如果人人體會哲學精神，讓證據和推理說話，學習「解讀」訊息，聽到一個結論可以先判斷前提可不可信、推理過程有無瑕疵，才決定結論成不成立，那麼我們就有能力判斷資訊真偽，不成為思想操作的對象。

哲學也思考道德的界線、揭露人性的真相。作者彼得．凱夫的哲學世界充滿弱勢關懷，處處展現人道立場，這是令人欽佩之處。他對任何議題的提出，都不希望遭到扭曲留下負面訊息，最後必加以導正，或是提出思考空間。我們看到他重視公平正義、關心動物福祉、鼓勵慈悲與施予，最後一章更是殷殷勸請，去戰勝你我內心不斷滋養的那個野蠻人，實踐身而為人的價值，理性當中的感性著實令人動容。

作者在書中探討價值取捨，像是法律和人情、大愛和小愛、專業和私德，看似遙遠的哲學，沒想到與你我息息相關。他提出諸多值得思考的問題，讓我們去反思、淬鍊看事情的觀點，與其說是在討論哲學，不如說是在勸世，可說每一篇都分享一種處世思維，相信讀者讀完一定能體會作者的苦口婆心。

彼得．凱夫的幽默筆觸和頑童性格，也替本書增添了一絲趣味，而哲學裡的悖論本身就是既燒腦又充滿魔性的一個領域，值得大家來探索，拓廣知識。在翻譯本書的過程中，我數度被作者的幽默笑翻在案前，實是一場愉悅的饗宴。誠如作者所言，哲學是一杯美酒加上一張舒適的躺椅，可以暫離世間紛擾、盡情玩味思索。不妨在平凡生活中製造一些哲學的浪漫，給自己一個遠離喧囂的時間，在哲學中得到寧靜和體悟。如此，回到生活中更能專注於當下，體會生命的意義，珍惜身邊人事物，找回初心，活出一個你願意「永恆回歸」的人生。

目次

迷思 1 反對死刑的劊子手？

在美國中西部的小岩城，工作並不好找。古德曼（Goodman，即好人）從警長那兒得了份差事，你可以想見他有多高興。他心想，終於開始走運了，不料警長話並沒有說完。

「你知道，我們需要專業的絞刑手。你挺會用繩子的，繩結也打得漂亮，處理絞繩應該很快就能上手，看來你是最合適的人選。」警長說。

古德曼倒抽一口氣。沒錯，他是很需要工作，他有家要養。但是他和小岩城的許多居民不同，他反對絞刑。他是個有原則的人，至少在這件事上頭他得堅持。

「不行，這我做不來。」古德曼結結巴巴地說，「很遺憾，我個人強烈反對死刑。就這麼簡單。」

「好了，」警長回道，「我尊重你的想法，雖然我不這麼想。可你不做，我就得找別人來做，還是有人會執行絞刑。你拒絕又怎麼樣？」

「做人要有原則。」古德曼回答。他神色黯然，不知該怎麼告訴家人這個消息，他竟回絕了如此優渥的工作。

「看你神情憂傷，可見不是什麼大不了的原則。」警長說得眉開眼笑，「你要想，那你的其他原則要怎麼辦？你不用養小孩嗎？孩子不用上學嗎？」

「我知道，我知道，原則不免衝突。可有些事我說服不了自己。我怎麼熬得過行刑前後夜裡的夢魘？在夢裡，我一定會受到道德譴責，告訴我做錯了。」

「古德曼，那不過是你自己的心理障礙。你對家人有責任，而且，我再說一遍，你不做，別人會做。你的自命清高根本沒用。偷偷告訴你，我屬意你來做，你會人道對待那些等著領死的人。別的應徵者就不一定了，巴德曼（Badman，即壞人）那傢伙，肯定會對那些人奚落一番，最後讓他們痛苦死去。這是為什麼非你不可啊！別龜龜毛毛了，快接下這份工作吧！」

古德曼應該違背原則，接下劊子手的工作嗎？

「我不做，別人會做」常被拿來當作藉口，說服自己去做不該做的事，或不去做該做的事。比方說，有個女人在火車月台上昏倒了，我們正在趕時間，於是我們一邊想著「沒關係，反正別人會照顧她」一邊匆匆走過，置之不理。

我們該建議古德曼怎麼做？單從結果，也就是從所獲得的利益來看這個兩難，古德曼似乎該接下這份工作。他不但可以從此改善家人生活，也能讓那些受刑人好走些。這些因素都比他自己心裡的不舒服來得重要。跨出原則還有可能令他感覺良好，彷彿自己壯烈殉道了。

當然，要考慮的因素不只這些。有些因素還可能讓他做出相反的結論；也許巴德曼有更大一家子要養。

到目前為止，我們的推論都是針對可能發生的後果。再考慮一個情況：假設古德曼拒絕這份工作後，引發民眾重新思考死刑的必要，最終促成廢死。倘若廢死能使社會更加繁榮，那麼古德曼的堅持就是對的。不過，先不考慮到那麼遠，單從直接獲致的結果來看，古德曼還是答應警長比較好。那麼，我們還能提出哪些理由支持古德曼拒絕這份差事？

我們可以先來想想，古德曼想要成為什麼樣的人。他的原則之於完整自己生命，是如此不可或缺。在他看來，容許自己成為劊子手，專幹骯髒事，真能過得心安理得嗎？他對得起自己的良心嗎？撇開整體後果，忠於自己原則也許有其道德上的重要性。

馬上有人會說，古德曼這樣很自私，他把自己的心安理得放在家人福祉前面。然而這麼說公平嗎？道德能要求古德曼犧牲自己的原則嗎？古德曼也得問心無愧才能過日子。若要從結果論的角度去精算，這個成就古德曼美好人生的要素可得加重計分才行。

❄ ❄ ❄

上述以結果論來評判道德，是採取超然視角，以古德曼個人之外的觀點來看整件事。這種方法講求客觀，考慮到該行動對各層面所產生的影響，包括對古德曼、受刑人、巴德曼等人影響。現在，古德曼可以想像自己沒有這些罣礙——妻子管不了他，他對死囚的未來慘狀亦無動於衷。可一旦到了做決定、繼而產生行動時，他似乎需要仰賴真實情感（包括那些擔憂）作為「動力」。於是，這裡產生一個問題：超然、不帶情感的道德，能帶給他那種「動力」嗎？關於這部分，有人認為，道德需要特別關照古德曼的情感依附——如他對什麼忠誠、他的人際關係、他所珍視的事物。

古德曼在選擇工作的同時，也是在形塑自己。他的動機可能來自於他眼中的自己，他要麼當個堅守原則、反對死刑的人。又或當個奉獻家庭、不惜犧牲原則的人。如果他接下這份工作，就等於接受自己是個沒能守住原則的偽君子、懦夫。

驅動古德曼也驅動我們每一個人做選擇的，是我們的計畫，和我們認為可賦予人生道德意義的事物。考量我們當如何生活的時候，「我不做，別人也會做」不是理由。同樣，「別人這樣做，所以我也這樣做」也不是理由。父母為了讓孩子讀好學校，謊報自己的宗教信仰或戶籍，為什麼？「大家都這樣做啊。」申請保險理賠的人經常虛報，用的也是同樣的理由。「別人都這樣做」不構成我們免受褒貶的理由，因為隨波逐流是我們自己的選擇。

我們該如何運用這個觀點，解釋古德曼和這份差事？我們可以找他討論，讓他注意到其他考量因素，決定權終歸還是在他。他必須要能接受這個決定。他不需要從別人那裡得到答案，像個傀儡被線繩操縱。傀儡不能自己行動，也不是一個人。當然，他也可以選擇表現得**像個**傀儡，那也是他的個人選擇。

遇到重大的兩難境地，例如古德曼的道德兩難時，不妨聽聽勞倫斯（D.H. Lawrence）的建議：「找到你內心最深的衝動，並跟隨它。」不過，想想某些人的行為以及他們最深的衝動，你會發現，這個建議還是別聽的好。

鼓勵別人認識自己、做自己，忠於自己的信念、欲望和計畫，好像「沒什麼不對」，但有時候可不一定，甚至可能錯得離譜。有些最深的欲望和承諾是不該被實現的。世上發生許多恐怖事件，生命被踐踏、摧毀，這些都是握有權力的領導者秉著最深的信念並忠於自己所致。信念、計畫和情感依附的內容，必須先經過評估，最後實際能付諸實行的只有少數。問題又來了：又有哪些是值得付諸實行的呢？

迷思3．小提琴家的性命在我手中？
迷思24．他可以包頭巾，為什麼我不能戴面紗？
迷思33．外面世界與我們內心的野蠻人。
迷思8．被敲詐的軍火商。

迷思 2

原來是驢子啊，我還以為是山羊呢！

有些人物雕像實在過於逼真，彷彿不是靜止在那裡，而是婆娑起舞、搖曳生姿。希臘神話中有位手藝精湛的工匠戴達洛斯（Daedalus），他就刻出了這樣的雕像。蘇格拉底曾這麼形容，戴達洛斯創作的雕像如同那些脫逃的奴隸一般，若不牢牢拴好就會逃跑——這番話暗示了某種社會利益（social interest）。

思考知識問題時，請把上述思維牢記在心。

➤

你和伊莎貝拉散步在鄉間小路上。伊莎貝拉望向田間，看到一隻動物，說：「啊，那裡有頭驢子在吃草。」你對驢子不感興趣，為了客套還是咕噥回答：「原來妳也蠻了解動物知識的啊。」你心想，來散步就是要製造浪漫，可別讓驢子的話題給搞砸了。

話說回來，要如何認定伊莎貝拉**知道**有頭驢子在吃草？抑或她其實不算知道？順道一提，假設伊莎貝拉發自內心說了這句話，她相信真有其事，而這件事也是真的：田野上的確有隻驢子在吃草。換言之，伊莎貝拉持有**真信念**＊。但是真信念就等於知識嗎？我們能否在這個場景中添加一些元素，證明真信念並不等於知識呢？

知識與真信念有何不同？為何知識比真信念重要？

伊莎貝拉望著一隻動物。這隻動物其實不是驢子，是隻山羊。但是伊莎貝拉說田野上有一頭驢子，這是真的，遠處看不見的地方確實有頭驢子在吃草，只是她沒有發現。伊莎貝拉說對了——不過是碰巧給她矇上的。她不知道那裡有頭驢，而是把山羊誤認成驢。

這意味著，倘若伊莎貝拉**知道**田野上有頭驢，當她解釋自己為什麼口出此言時，這頭驢就派上用場。然而，當我們請她證明這個主張，她卻指著那隻山羊說是驢——這可完全稱不上是證明。她錯認了這種生物，所以才說出那裡有一頭驢。田野上那頭真正的驢，與她「那裡有頭驢」的思維完全無關，她完全沒注意到那頭當事驢。

為了引出進一步的觀點，我們思考下面的場景，這是發生在哈洛德．品特†身上的真實故事。

品特受岳父朗福德勳爵邀請，到上議院共進午餐。眾勳爵和公爵與他正在交談。品特是出身哈克尼的小夥子，父親是猶太裁縫師，在倫敦東區長大，成為知名劇作家。「你知道你現在喝的是哪種波特酒嗎？」唐納森勳爵問他。「一九六三年杜奧。」品特回答，既沒偷瞄酒瓶，也沒人告訴他。他們喚了侍者過來，確認是一九六三年杜奧。眾勳爵對他的博識刮目相看：他只是個寫劇本的，卻很懂波特酒。

這個故事裡頭，品特的注意力就有放在當事酒身上。他不是喝了別的波特酒，然後誤稱是一九六三年杜奧。他喝的就是一九六三年杜奧。結果事後他卻坦誠，一九六三年杜奧

---

* 譯注：true belief，在哲學上，信念與另一層次的信仰、信心等沒有關聯，僅表明你相信一件事，就是擁有這件事的信念；當你相信的這件事亦是真實的，即為真信念。

† 譯注：Harold Pinter，英國劇作家，曾獲諾貝爾文學獎。

是他唯一知道的波特酒。不管喝到哪一種波特酒，他都會說是一九六三年杜奧。搞了半天，品特是瞎貓碰上死耗子，跟伊莎貝拉一樣。

貝拉和品特的小故事，讓我們看到兩種出於僥倖而不小心觸碰到真實的方式，因此不能說他們擁有知識。

知識之所以比真信念重要，也許是因為它要求信念與使其為真的證據之間，要有合理的連結。用本章開頭蘇格拉底引言來做譬喻就是：真信念需要牢牢拴好才行。這個牢牢拴好的表現，可能是知之者能提出好理由證實主張，也可能是該信念與使其為真的證據之間有可靠的外在連結，即原因。

❄ ❄ ❄

我們換個場景來重新思考伊莎貝拉的故事。一開始，她真的有看到那頭驢（不是山羊），於是她說：「有頭驢。」她看到的東西（那頭驢）便在她解釋為何她相信那裡有頭驢的思維派上用場。她的信念和使其為真的證據之間，有合理的因果關係。伊莎貝拉產生某種視覺感知，導致她相信某件事（有頭驢），在這個過程中，這頭驢著實軋上一腳。甚至，伊莎貝拉可以進一步證實她的信念。她可以如實說：「我看到一頭驢，就在那裡。」

同時指向那頭驢。

這種情況下，伊莎貝拉真的知道她眼前有一頭驢嗎？嗯，有一頭驢是事實，她也相信有一頭驢，這頭驢在她的信念中也扮演了角色。可是，我們再讓伊莎貝拉好好環顧四周，這時她看到山羊了，一本正經地說：「啊，又有一頭驢。」她繼續往前走，拐過一個彎，呼喊道：「又有一頭驢。」可這回兒她正盯著一隻綿羊瞧。打從一開始——看到一頭驢，並且說對——她就是瞎扯蛋，顯然她根本分不出驢子、山羊和綿羊。這還真教人吃驚。

有趣的是，就算伊莎貝拉沒繼續往前走，沒胡亂指認山羊和綿羊，打從一開始她就沒有驢子的知識。原因在於以下事實：假如拿其他動物來問她，例如山羊和綿羊，她全都會說是驢子。她無法分辨這類動物，就如同品特無法分辨波特酒。一旦被問到這類動物的問題，她很容易答錯。

❄ ❄ ❄

在這兩則故事中，伊莎貝拉和品特缺乏知識，是因為他們對相關事物的信念不可靠。倘若讓品特來鑑定波特酒的年分，他不是可靠的品酒師。伊莎貝拉也同樣不可信賴；假如你跟她訂了一頭驢，她會給你送來山羊或綿羊。

知識要求知之者要在該事物上值得信賴；他們需要達到可靠的正確性，但不用絕對正確。「可靠的正確」是讓知識如此珍貴的特徵。若要求絕對正確，知識便成了幻想，不可能實現。我認識並知道我的朋友佩勒姆（此時此地的他），但知識不要求我要能分辨真假佩勒姆（假設有個假佩勒姆），也不要求我能分辨他的雙胞胎兄弟（假設把他從別的地方弄過來）。

好的領路人知道如何找到正確路徑。好的品酒師知道如何分辨一九六三年和一九七三年分的波特酒。如果伊莎貝拉具備動物知識，她至少要能分辨出山羊、綿羊和驢子。

迷思14．灌輸和教育的差異是？

迷思21．就算你叫破喉嚨，也沒有人……

迷思30．一大朵哲學疑雲，凝結成一滴文法問題。

迷思3 小提琴家的性命在我手中？

這是個平凡無奇的星期一。你一早醒來，卻發現這天一點也不尋常。你身上插了根管子，連到數英尺外一名陌生男子的身上。有個小提琴家用管子接上了你的淋巴系統。

這故事聽起來很詭異，卻跟我們日常生活息息相關。回到現實討論之前，我們繼續天馬行空一下。

小提琴家跟你怎麼會用管子連接在一起？說不定你正在醫院接受一個小檢查。當你被麻醉的時候，昏迷的小提琴家被匆匆推進病房。醫生知道唯一救他的辦法，就是把他的身體系統連接到你身上。小提琴家很走運，你卻很倒楣，你的淋巴系統恰好含有某種珍稀成分，是小提琴家延命所必需。他利用你的身體系統活下去，雖然對你無害，但是身上接著管子造成你生活不便。無論你走到哪裡，小提琴家跟到哪裡，這樣子你是要怎麼跟人打交道，要怎麼過日子，要怎麼談戀愛啊？

此刻，小提琴家正坐在你床邊。只要管子繼續接著，他就沒事。你輕輕撥動管子。他很清楚你隨時可以拔掉管子。只要這麼做，你的世界就天下太平，他卻危在旦夕。他會死掉，而且可能死狀悽慘。他需要你才能活下去。

小提琴家懇求你不要拔管，這可以理解。對他來說這是生死攸關，對你而言只是不方便。不過，這裡還有很多因素需要考量。他無權使用你的身體——還是他有？但他一定有生命權。拔了管子，你不就妨害他的生命權嗎？因為你這麼做，肯定會致使他死亡。

你有權拔去小提琴家的管子嗎？

其中一個思考方向的答案為「有」。你並未賦予他使用你身體的權利。你沒有簽同意書。他等於是擅自利用你的身體，你完全有權擺脫他。沒錯，你拔管他就一命嗚呼，但那既非你的意圖，亦非你的錯。這只是你維護自身權利時不幸產生的後果罷了。萬一他奇蹟似地生還，你也不會反對，可能還會鬆了口氣。你把管子拔掉，目的不是要害死他。

上述回答可能令人作嘔。你把堅持自己不被侵犯的權利作為優先考量，難道不是在侵犯他的生命權嗎？假設他只需要借你的身體一天，等他的藥送來就不會打擾你，那你仍有權堅持拔管嗎？

上述思考引發了兩個基本問題：一是權利問題，一是道德問題。

就權利問題而言，我們常說人人皆有活下去的權利，卻不會說人人為了活命可以不擇手段。小提琴家擁有生命權。他需要使用你的身體，但他沒有使用權。世界上有數百萬人飽受營養不良、疾病之苦，甚至危及性命。他們都有生命權。難道因為這樣，他們就有權要你協助嗎？比方說，要你捐錢給相關慈善機構嗎？有人需要腎臟移植，他有權要你的腎嗎？畢竟人只要有一顆腎就能活下去。我們花很多錢享受奢華的物質生活；我們認定要怎麼花錢是我們的權利；我們認定自己的權利比讓別人（擁有生命權之人）延命來得重要。

空談「權利」沒意義，重要的是制定行使權利的方法。如果對他人毫無責任，只顧實踐自己的權利，擁有生命權也失去了意義。那些挨餓的人要是知道自己有權活下去，但無權享用他人為自己保留的多餘食物，也不過是畫餅充飢。

在提出更多關於權利的思考之前，先來談談第二個問題：道德的限度。即便拔管——接著他便死亡——並未侵犯小提琴家的權利，你是不是仍算做錯事？道德涵蓋的範圍不僅權利，還有各種人性特質，如誠實、忠誠、仁慈、勇氣、寬恕。在小提琴家的故事中，如果你固守權利，的確很殘忍。倘若他只需要借你的身體用上幾個小時，或者幾週，你答應了不也是好事一樁？

當然，道德有分層次。你要是願意讓小提琴家賴著一輩子，簡直是佛心來著。道德絕對沒有要求一個人做出這種超常的犧牲。在這種情況下，小提琴家或許要意識到，他為你的人生帶來不公平的負擔，該勇敢自我了斷。一九一二年，勞倫斯・奧茨（Lawrence Oates）上尉加入羅伯特・史考特（Robert Falcon Scott）的南極探險隊，卻遭逢慘難。當時他為了不拖累一行人，從帳篷中爬了出去，只留下最後一句：「我出去走走，一會兒回來。」便隱沒於暴風雪中，傳為佳話。任誰都無權要求他犧牲，他卻可能做了對的事，儘管沒能改變最終的結局*。

小提琴家、奧茨上尉和許多其他故事提醒了我們，道德兩難不能全然簡化成「權利」衝突的問題。道德兩難可以從各個角度餵養，最終成為一團混亂。舉例來說，你可能會認為，上述問題很大一部分取決於小提琴家的存在價值，除了對他個人而言，還包括他對社會有沒有價值。假如他的演奏不入流，外加意志消沉又吸毒，你可能不願意讓他用你的身體；但假如他的聲明顯赫，演奏出神入化，你可能就願意。再多思考幾種情況，觀察自己態度如何轉變：要是這小提琴家同時是竊盜犯，還會打老婆呢？假如他同時是救人無數的外科醫生呢？然而，該救哪條生命之道德問題，應當取決於誰對社會有價值嗎？

❄ ❄ ❄

權利討論的範圍很廣，從最瑣碎的小事——讓別人用自己的電腦——到攸關生死的人生大事皆涵括。聯合國至今已發布了一大堆權利，從活下去的權利到請產假的權利都有。一不小心，談「權利」已經變得不怎麼有價值，好似基本的道德原則就可以讓權利合理化。殺人不對這個普世價值，就是構成「生命權」的基礎。相較之下，欲證明產假也是一項重要「權利」，就需要提出更多理由。

一旦了解「權利」之說會突顯某些道德原則的根本地位——也就是遇上道德兩難時會攤出的王牌，剩下的問題就是：這些原則是怎麼來的？（〈迷思22〉要討論的謎題）部分哲學家認為，所謂的「自然權利」（natural rights，或稱天賦人權）是自然固有的，可能是上帝所賦予，可能是來自於人性。十九世紀初的思想家邊沁（Jeremy Bentham）曾絕妙

＊譯注：奧茨與史考特都是英國的南極探險家。當年的行動由史考特領軍，與其他探險家競爭成為抵達南極點之第一人。然而，他們不僅沒有比對手早到，更於回程遭遇惡劣天候。奧茨因為嚴重凍傷，為了不連累隊友，選擇自我犧牲。而後探險隊經歷更多暴風雪，各種耗損加上判斷錯誤，一行人最終全數喪命。

形容這種說法是「踩著高蹺胡說八道」，荒唐至極。可是邊沁擁抱利益主義的原則，認為應追求最多數人的最大快樂，這個原則又是怎麼成了自然固有的道理？儘管不是踩著上帝的高蹺胡說八道，是不是也踩著自然的高蹺呢？

年復一年，你身上插著管，以延續小提琴家的壽命，認為這麼做可使全體社會的幸福感達到最高。我們仍要懷疑，道德能要求你這般犧牲嗎？管他小提琴拉得有多好。

迷思24．他可以包頭巾，為什麼我不能戴面紗？
迷思22．聊了半天，結果這次蠍子還是螫了青蛙。
迷思28．嚴刑峻法有什麼不好？
迷思10．幸災樂禍不行嗎？

迷思 4
被奶油麵包擊潰的意志力。

珍吃下一塊超大的奶油麵包，讓她立意良善的節食新年新希望，破了個如奶油麵包般的大洞。她知道，節食是為了健康，但她一看到奶油麵包就無法抗拒。她展現出「意志薄弱」（weakness of will），她是個無法自制的人。

但是，有句話不是這麼說的嗎？行動勝過言語。珍死抓著麵包不放，這行動肯定反映了些什麼：在考量一切利弊之後，她相信吃一個奶油麵包不會怎樣。她必定是經過各方面考量後，才決定吃下麵包，而這是最好也最正確的事。如果沒有經過這個判斷，她不可能屈從於誘惑。

可矛盾的是，行動勝過言語這樣的思維，就是同意意志薄弱不存在，甚至是不可能存在。當我們的行為出於自由意志時，無論做了什麼，都是考量一切利弊之後所做出最好的行動。正如兩千多年前蘇格拉底所言：「沒有人願意且故意做錯誤的事。」當然，我們的行動一定是當下我們認為最好的，即使我們根據判斷所做的最佳決定可能會出錯。大概就是這個意思。

的確，珍是真心相信為了健康要減重，她想變苗條，她很清楚特大奶油麵包對她的減肥計畫沒幫助。可是，與這些因素對抗的，是她渴望一口咬下濃郁奶油的快樂，以及她認為一個奶油麵包不會破壞減肥計畫的信念。所以，她是考量一切得失之後，懷抱著欲望和信念做出了行動。這當然是出於理性，才不是什麼意志薄弱。然而，這樣說對嗎？意志薄弱有這麼容易被證明並不存在嗎？

之所以出現這個問題，是因為我們幾乎每天都受到意志薄弱的困擾。你本來打定主意要熬夜念書，準備明早考試，結果卻跟朋友出去打撞球。明知晚一點要開車，不能喝酒，不一會兒卻發現手上拿著酒杯，黃湯早已下肚。然而我們要問，倘若意志薄弱真的存在，驅動人付諸行動的不是出於欲望和信念，那會是什麼？倘若意志薄弱不存在，那些看似意志薄弱的行為又該如何解釋？

意志薄弱是怎麼發生的？

意志薄弱——或說意志薄弱的情況——和個人出於強烈衝動而行動的情況完全不同。如果珍是被人強迫吃下一個麵包，顯然就不是她意志薄弱。如果珍患有強迫症，無法抗拒麵包，這樣也不算意志薄弱。這麼看來，當一個人能克制一件該要克制的事，如暴食、性欲、怠惰，卻不去克制，才稱得上是意志薄弱。

若說珍意志薄弱，她必須符合以下條件：她真的想要嚴格執行節食，也知道吃下一個麵包很容易繼而吃下更多麵包。再者，她明明真的重視節食計畫，結果卻選擇吃下麵包，把奶油舔光。她沒有照著自己節食的信念和欲望而行動，行為違反了最佳判斷。她明明可以自制卻沒做，這才是典型的意志薄弱。有人稱這種情況為 akrasia，kratos 是希臘文「力量」的意思，字首 a 表示「否定」。也有人稱之為「不能自制」（incontinence），聽起來有點遜就是了。

許多哲學家認為，如果不從信念和欲望下手，就無法解釋珍的行為。假如是這樣，那我們就要引出另一個修正後的解釋——重新理解珍最後選擇吃下麵包是基於怎樣的心態。

以蘇格拉底的思維來看，珍一看到麵包就好像得了近視一般，看不清楚健康的未來價值，因為太遠了。未來的身體健康與當下的奶油愉悅相比，變得微不足道。所以，不管她如何信誓旦旦說要節食，她當下的真實信念是：現在吃麵包總比不吃好。

另一種理解也是同樣道理。雖然珍是真心相信堅持節食很重要，但這要視情況而異。在這種非常情況下，麵包就擺在眼前，吃啊，為何不吃。當然，她事後可能會懊悔自己敗給了麵包的誘惑。

要駁斥上述理解方式很簡單。除了用意志薄弱並不存在來反駁之外，為什麼我們非得堅決認為，在可口麵包擺在眼前這種情況下，珍相信吃下比不吃好？她**可能**相信「只吃一個」不會怎樣，但她也可以堅持說，她知道連這一個都不該吃，這才是她的真實信念。開車前多喝一杯的人，他的信念很可能是就算發生意外也值得一賭。在這種情況下，他就是不顧後果，而非意志薄弱。但他也可能並非抱持這種信念；他明知道不該多喝一杯，卻還是喝了。無庸置疑，我們都有過這種意志薄弱的經驗。評估之後的判斷——我們相信這樣最好，以及從而產生的意圖——不一定能成為驅動我們行為的力量。

不管是好意圖還是壞意圖，單憑意圖無法成事。我有做某件事的意圖，不等於我去做了。我的行動需要基於意圖，當我沒有跟隨最佳意圖行動時，就會產生意志薄弱，而根據一些人的說法，這就是行為者的一種非理性狀態。至於如何解釋人為何無法跟隨最佳意圖而行動，目前仍不清楚。有些說法則認為，自我（the self）的本質是分割的，如同欲望與理性責任是相衝突的。但這類說法本身也有問題。我最容易認同自我的哪一部分？甚至於，在衝突的各部分苦苦掙扎的「我」到底是什麼？或說到底是誰呢？

❄ ❄ ❄

前面的討論中，我刻意略過「最佳」判斷這個部分。我們判斷什麼是最好的，可能是純粹出於個人利益，也可能出於考慮到個人責任，或出於道德要求，又或是對某個特定因素的承諾。行為者打從內心知道他應該幫助困苦的孩童，或是看到詐欺行為就應該譴責，但他沒有這麼做，意志薄弱便在此展現出來。我們每個人都和珍一樣，她真心認為對健康好的事，卻無法遵守，反而敗給麵包的誘惑；我們常常無法遵守真心認為正確的事，敗給了感受到的個人利益。人類的確是很軟弱的動物。

「意志薄弱」當中的「薄弱」兩字，暗示著這可不是什麼好德性。當一個人發展出軟弱的性格，無法遵從真實意圖來行動，無法堅守原則，這種人常得不到別人的尊重。不過呢，有時意志薄弱反而是件好事，無論對別人或自己都是。要是那些信奉種族滅絕的人都意志薄弱就好，他們就沒辦法忠於信念，而能走向人道、慈悲、同情共感之路了。

迷思1．反對死刑的劊子手？

迷思26．小心，別讓偏好的跳躍導致你破財！

迷思19．草泥馬也會談戀愛？

迷思12．胎兒有問題，到底該不該生？

迷思 5

但那是藝術啊，親愛的姨媽。

這不是我的錯，是我那上了年紀的瑪蒂達姨媽，說想去參觀美術館，我就知道準沒好事。一看到埃里克．吉爾*的雕刻，被釘在十字架的耶穌旁邊擺了個豐腴性感的裸女，藉此表現性愛主題，她簡直要吐了（這是哪門子藝術？）再看到羅伯特．梅波索普†為人讚譽的攝影作品，將同性伴侶間的互動表露無遺，她差點就報警了。接著是藝術雙人組吉爾伯特和喬治‡，他們的平面創作充滿淫穢、種族歧視字眼，她根本看不下去。更糟的是，當她知道有藝術家還用古怪的材料創作時，完全不敢置信。

* 譯注：Eric Gill，英國雕塑家，以情色藝術、私生活敗壞而頗受爭議。著名的 Gill Sans 字體即是他所創作。
† 譯注：Robert Mapplethorpe，美國攝影師，作品常以同志、黑人入鏡，擅長表現裸體、性虐待等爭議性主題。
‡ 譯注：Gilbert and George，由 Gilbert Prousch 和 George Passmore 組成的雙人藝術家，以性格鮮明、充滿「問候」字眼的創作，表現真實生活的藝術。

瑪蒂達姨媽的反應引出了一個問題：為了藝術，什麼都可以嗎？有人說，就是為了藝術而藝術，應該容許藝術去自行其是。

有些主題彷彿禁忌，光是提到就欠妥，而且還很失禮。你去參加喪禮，無論覺得逝者的名聲有多差，最好都不要在他家人面前提起，以免顯得不近人情。恩格斯（Engels）的夫人過世時，馬克斯（Marx）去信弔唁，安慰沒幾句就開始哭窮借錢。真不體貼。面對才在戰爭中失去兒子的父母，就別去質疑戰爭的價值，要顧及他們的感受。有些事情在特定情境下不能做、不能說。當然，換成其他情境，同樣的事也許就可以做、可以說了，而且有時候要說才對。也許，逝者不光采的行徑應該要被揭露，戰爭的正當性必須被質疑。

接下來是本章的謎題：是不是「以藝術之名」，藝術家就可以為所欲為？不管多麼具有爭議、多麼猥褻，甚至違法。在英國，某些展品和文字一度被政府下禁令，不准出現在藝廊、舞台或書籍當中；今日也有許多獨裁國家對藝術內容進行審查。當然，即便是最開放的社會，都需要某種審查制度，避免個人受到傷害或特定族群受到迫害。針對煽動性內容、種族歧視言論和性別歧視言論，也有法律加以禁止。然而，姑且不論這些禁令在習俗、道德或法律上的重要性，藝術到底應不應該免於受到這些禁令的規範呢？

藝術應該受到規範嗎？

某些議題顯然不在討論範圍內。「以藝術之名」不能成為謀殺、盜竊和詐欺犯罪的正當理由。這些行為向來就是不正當，即便以藝術為目的都不可以。即便凶手劃出的刀痕是那麼美觀又協調，小偷行竊的姿態宛如一齣芭蕾，詐騙犯的文章寫得再好，都不能合理化這些行為。撇開這些案例不談，瑪蒂達姨媽的故事又怎麼說？瑪蒂達姨媽認為那些藝術表現——褻瀆上帝、淫穢下流、種族歧視——是不該被保護、是不對的。我們要說她思想狹隘、與現實脫節、太過保守了嗎？

關於瑪蒂達姨媽這件事，很自然會出現以下回應。藝術在於形式和架構，在於引發觀者的審美意識，是「為了藝術而藝術」。內容不是重點，重點在於表現方式。呈現耶穌被釘在十字架上或描繪戰爭恐怖的繪畫和文學作品，可以是優美而令人讚嘆的。有些書籍，例如勞倫斯（D. H. Lawrence）的《查泰萊夫人的情人》（*Lady Chatterley's Lover*）曾一度被查禁，可是從寫作形式和語言風格來看，均是上乘之作。可以說，藝術不是為了引發政治改革而創作的。實際上，藝術往往只會放在頂著「美術館」或「圖書館」神聖光環這幾個地方。那些感受較纖細、容易被冒犯的人，最好別去美術館，也別去翻這些書。

第二種回應也很常見，與上述回應恰好相反。有些藝術形式之所以為人所推崇，初心卻是為了啟發人們思考，盼能促成改變。畢卡索以一幅《格爾尼卡》（*Guernica*）描繪西班牙內戰，象徵獨裁政權的恐怖。藝術可以挑戰既存的法令和禁忌，引發社會改革，且常是往好的方面。這就是為什麼藝術應該受到保護，即便充滿種族歧視、淫穢不堪，或者挑戰當前信念。

從第二種回應中，我們看到了藝術有時能夠、確實也應該激發一些思考。雖然這個見解正確，論證卻顯薄弱。為什麼這麼說呢？因為同樣地，我們也可以宣稱暴動可以啟發思考、挑戰既存法令，有時也讓社會變得更好。因此，就算是宣揚種族主義和淫穢行為的暴動，也應免於規範。不過，拿藝術和暴動相比的論調輕易就能被推翻。暴動會直接傷害到他人，因此應被制止。而藝術是用來看的，歌劇是用來聽的，書籍是用來讀的，就類似參加研討會進行高尚的討論的行為一樣。好吧，這樣的論證還行，但仍不充分。

即便是信仰種族主義的示威遊行，示威者人人守秩序；即便是在公開場合的舉行性愛趴，沒有對任何人造成直接傷害，在英國都是違法的。但類似的種族主義內容或性愛表現若是出現在美術館，就可以逃過禁令。或許，為不可公開展示的內容提供特定的公共空間有其價值，甚至是被接受的。或許，藝術成了一種掩護手段。然而，要是把藝術自由說成純粹的情緒發洩，看在追求藝術自由的人眼裡，可是要生氣的。

這就令我們不禁要思考以下微妙的問題：「何謂藝術？」倘若不能區分藝術和種族主義示威，既然藝術「什麼都可以」，示威也就「什麼都可以」囉，哪管示威者有沒有穿著芭蕾舞裙，一邊遊行一邊跳舞。

人們常把決定「何謂藝術」的重責大任推給美術館館長，但他們要怎麼決定？要是有間「美術館」只展示納粹大屠殺和希特勒的繪畫、雕刻和影片，若無藝術諷刺含意在其中，我們應該會以為是哪個政治總部換了新招牌吧。假設一間新開的「美術館」，裡面展出的畫作，不是有關男尊女卑，就是描繪信徒殺死非信徒而進入永恆天堂的畫面，我們就要懷疑這是極端教派宣揚理念的新手段。假如我們要賦予藝術一個特殊地位，這些例子提醒了我們，決定什麼是藝術極為重要。

❄　❄　❄

假設美術館館長應該選擇好的藝術作為展示，那上述假想的美術館，展示著推崇迫害行為的作品，必然是不好的藝術。可是，道德敗壞的藝術，難道不具有美學價值嗎？

評論一幅畫作時，你可能被它的色調吸引，但畫中的形狀讓你感到不協調、看了不順眼。這種不協調感可能過於強烈，使得你連色調上的和諧都不能好好欣賞。同樣地，你可能被一幅畫的色調吸引，但畫中描繪的內容——歌頌反猶主義或貶低女性——讓你覺得很不舒服，沒辦法專注在它的美感上。你真的欣賞不了。然而，也可能有一群人認同畫作的道德觀，對於畫作表現形式還是所引發的情感，都給予很高的評價。不過要小心，如果過於投入創作理念之中，反而會看不到畫作的美學價值。

以上各種考慮，都無法釐清可接受和不可接受的藝術之間的界線，原因可能是因為根本沒有界線。我們只能自己看著辦，忍受著各式各樣有問題的藝術。唯有當藝術可能挑起傷害時，才能聯繫有關單位做出處置。我們能做的是，問問自己，看到這些宣揚淫穢和道德敗壞的藝術作品，**自己**會如何回應。你認為你會有什麼反應呢？

如果你真心回答「我覺得反感」，大概說明了你是那種正派人物，無法將美學價值和道德價值分開來看。這可能表示，你未能認清一個人其實是可以同時喜歡和討厭同一件作品的。比方說，它的表現形式和技巧吸引你，但內容和創作目的令你反感。倘若你不是這樣的人，那你可能會熱衷於收藏這些備受爭議的畫作，畢竟它們具有美學價值。可是，在家裡掛一幅歌頌種族滅絕或奴隸制度的繪畫，上面充滿歧視、淫穢的語言，無論表現形式和技巧再怎麼高超，不就代表了你是這種思想的人嗎？你想被誤會嗎？

迷思24・他可以包頭巾，為什麼我不能戴面紗？

迷思22・聊了半天，結果這次蠍子還是螫了青蛙。

迷思17・悲傷的究竟是你，還是音樂？

迷思6——謙虛的老鼠，比傲慢的貓還傲慢？

古雅典哲學家蘇格拉底說：「認識你自己。」這句話出自於希臘德爾菲神諭（Delphic Oracle）。許多人猶豫要不要聽從這句話，因為害怕揭露自己真實的特質。不過，當我們聽從這句話的時候，卻似乎反而失去那些我們願意揭露的特質。巧的是，在德爾菲（Delphi）一間小酒館裡，有隻貓和老鼠正在對這個問題爭執不休。

貓咪克拉提歐　我敢說，你巴不得變成我。你摸摸看我這絲滑柔順的皮毛。沒錯，我才剛贏得國際貓咪選美大賽的冠軍。我有沒有跟你說，我有篇論文〈黑夜潛行：蘇格拉底之反思〉倍受讚許。還有上次我參加馬拉松，我……

老鼠美娜　唉唷喂呀，克拉提歐，你看看你，**真**不謙虛，吹噓成那樣。你就不能謙虛一點兒嗎？

克拉提歐　不謙虛並沒有什麼不對，我只不過是實話實說。沒必要隱藏我的光芒啊，像你藏在老鼠洞幹嘛？美娜啊，我說你就該學學我。雖然你只是隻灰不溜丟的老鼠，但是我聽小道消息說你很厲害耶。你是全家族還有小酒館裡跑得最快的老鼠……

美娜　這沒什麼，競爭又不是很激烈……

克拉提歐　我聽到的可不是這樣喔，美娜。還有你提出的貓鼠大和解，替那些逃難的老鼠所做的努力，還有啊……

美娜　那是每隻老鼠都會做的事……

克拉提歐　美娜，至少你得承認自己有謙虛的美德吧？

美娜　我沒有謙虛啊，我只是實話實說而已。

不謙虛的克拉提歐總是實話實說。從他說的話我們知道他不謙虛。不過，光從他自視甚高、驕矜自大這一點，也可以看出他不謙虛。克拉提歐知道自己不謙虛，那麼美娜呢？美娜聽起來好像很謙虛，姑且就假設她是謙虛的。為什麼她沒辦法承認自己謙虛呢？

＊ ＊ ＊

謙虛的人知道自己謙虛嗎？

我們可能知道自己是仁慈或邪惡、勇敢或懦弱的。我們可能知道自己驕矜自負又不謙虛，但我們能知道自己謙虛嗎？

說得矛盾一點，如果我們知道自己很謙虛，那我們就不謙虛，此即「謙虛悖論」。謙虛要求我們不可高估自己的成就，而且不只如此。貓咪克拉提歐評估自己的成就時，也許很正確，但顯然不謙虛。看來，謙虛的條件，是要低估自己的成就、降低其重要性，還不能是在思考過後刻意為之。假如我們故意把成就貶低，而且意識到我們在這麼做，就是假謙虛；明知道自己的成就，還假裝沒那麼偉大，這就是假謙虛。

謙虛如美娜者，在看待自己的成就時，真心覺得自己不如實際上那麼偉大。他們看自己的仁慈、慷慨，或身為小酒館裡跑得最快的老鼠，不覺得有什麼了不起。真是矛盾，常被視為美德的謙虛，要求自己要發自內心對自己做出不準確的評價。

假設謙虛的人不可能知道自己謙虛，美娜就不可能承認自己謙虛，但是其他人可以說她謙虛，克拉提歐就這麼做了。矛盾點在於，美娜不可以說關於自己的某些事實，克拉提歐卻可以說。

有一點需要注意。謙虛的人有時可採一種旁觀態度看待自己，跳脫於自身之外，透過反思知道自己有謙虛的特質。即便如此，這和特定情況下有意識地說自己謙虛，完全是兩碼子事。不管是人還是老鼠，自稱謙虛就是不謙虛。

❄　❄　❄

美娜　我原諒你的不謙虛，克拉提歐。可是你前幾天追捕我的朋友，我不確定要不要原諒你。你嚇壞他們了，你都不覺得慚愧嗎？

克拉提歐　你的問題真好笑。是啊，我覺得慚愧。可是呢，當我意識到這種情緒，我又自我感覺良好，因為我是那種會替自己追捕行為感到慚愧的貓。不過這種思考會減輕我的慚愧，於是我又為此感到慚愧。然後……

美娜 不要告訴我，你又為此自我感覺良好，因為你是那種會為這種事感到慚愧的貓。結果我猜你又開始感到慚愧，因為……

克拉提歐 到了那個時候，我已經糊裡糊塗了，在感覺良好和感覺慚愧之間搖來晃去，搞得我頭好昏——我還是乾脆去洗洗睡。

❄ ❄ ❄

美娜不可能既謙虛又意識到自己謙虛。這會兒，克拉提歐意識到自己慚愧，但是這種意識卻削弱了他的慚愧。於是我們要問：

經過反思，我還能感到充分慚愧嗎？

敏感的人如果刻意做了件不好的事，一定會心生愧疚、懊惱或後悔。一旦他們感到慚愧，就自覺自己不像那些蠻不在乎、沒羞恥心的人那麼壞。敏感的人一旦意識到愧疚，結果卻是矛盾地降低了愧疚感，因為他們現在的自我感覺稍微好了一些。

事情還沒完。現在他們自我感覺好了些，於是又因為自我感覺良好而羞愧，因為這削弱了他們因做錯事而愧疚的感覺。當他們反思這個新的羞愧，又再次自我感覺良好。如此無限迴圈下去。每當他們察覺自己愧疚，繼而感覺良好時，又產生新的愧咎感。但這種意識旋而又將他們帶往另一層滿足，因為察知自己竟然如此愧疚。

對某種感覺產生感覺，這沒什麼奇怪的。你可能覺得很煩躁，卻氣自己覺得煩躁。你可能因為尷尬而臉紅，又因臉紅而尷尬，然後臉就更紅了。反思自己的感覺，也沒什麼奇怪的。你在反思一種感覺的時候——人類心理學便是這樣一門學問——可以暫時抽離這種感覺，降低其立即性（immediacy，或稱接近性）。這就是為什麼談論感覺可以降低一個人對感覺的直接接觸，繼而削弱感覺的強度。一些心理治療師仰賴的正是這種方法。不過這道愧疚難題，並不是簡單的抽離就可以解決。

感到愧疚的克拉提歐透過反思，發現他的愧疚帶有某種道德價值。如此一來，他就不可能完全體會自己為之慚愧之事的差勁程度。儘管他似乎明白自己做了不對的事，在反思後發現自己具有慚愧的美德後，自己做了壞事的強度便因而削減。因為現在他知道，自己擁有慚愧的寶貴特質。但是，他可能因為自己用這種方式消滅自己做的壞事程度而再次感到慚愧。於是就無限迴圈下去了。

克拉提歐永遠不可能充分且持續地意識到自己的差勁程度。只要他一體會，就馬上失去。當然，其他人可能知道他對自己的行為是真心懺悔，並且讚許他懂得慚愧。唯獨他本人不可能在無損愧疚感的情況下知道這一點。

「認識你自己」固然是件好事，但蘇格拉底忘了補充一點：有些好的特質，如謙虛或慚愧，最好還是不要反思得好。蘇格拉底口口聲聲說，他只知道自己一無所知。但是他常用一些惱人的問題去戳破別人的自得意滿，簡直就是隻討人厭的哲學牛虻。可以說，他本人既不知羞恥又不謙虛，戳穿別人不謙虛倒是很行。

迷思23・哲學家嘴角上的奶油。
迷思26・小心，別讓偏好的跳躍導致你破財！
迷思13・駱駝老千。
迷思15・小丑的宴會。

迷思7

誰要買穩賠不賺的瓶中精靈？

容我向各位介紹精靈小姐，她擁有強大魔法，住在各位眼前的這個瓶子中。上面有個「買家注意」標籤，待會兒我再向各位解釋。她可是第一次在市面上出售。買下她，你的一切願望都將實現。要名利有名利，要性愛有性愛，要成功有成功，就算只求過得舒舒服服、有人幫你打理花園，都沒問題。這是真實的事。隨你開個價錢，就可以把她帶回家。你想要的一切，她都會給你。你現在甚至不用付錢，開借據也沒問題。一旦擁有她，她會馬上把這筆錢給變出來。

現在，我們來看看「買家注意」這個標籤底下寫些什麼：

擁有精靈的人，到了一個時間，一定要將她以低於購買價格賣掉，否則會墜入永恆折磨和詛咒之中。請務必將此注意事項告知下一個賣家。

理性

記住了這一點，你願意花多少錢買下精靈小姐呢？

顯然，你不可能以貨幣的最低面額出價，例如一塊錢，因為你無法用低於一塊錢的價格將她售出。萬一你出一塊錢，就等於你要受到永恆的詛咒（假設你或其他人原本就沒被詛咒）。那麼，你願意用兩塊錢買下她嗎？這樣的話，到了一個時間，你就必須把她用一塊錢賣掉。下個買家若願意花一塊錢買下，他可就是冤大頭了，以後他是要怎麼脫手？

當然，你可以冒個險（還是冒很大的險？）用一千塊買下她。你心想，肯定有人願意用九百九十九元接手，因為這樣他還可以用九百九十八元售出，以此類推……但是，終究會走到無法「以此類推」的地步。假如——我是說假如——所有買家都有理性和遠見，都不想要永恆的折磨，如此一來，不管用多少金額，都沒有人要買精靈小姐。

如同許多哲學悖論，這個故事只要經過反思，我們就會被困住。甚至，假如有人現在正擁有精靈小姐——你看我幹嘛？——他已經被困住了。

你可能會認為這個故事過於荒唐，有什麼重要的？因為它引發了一個問題：到底要思考得多長遠才算是理性？關於精靈小姐的問題，我們無意間便跳進「理性」和「遠見」的思考，還得出就算花一百萬元買也很愚蠢的結論。因為將來某一天，肯定會有人清楚意識到必須用一塊錢將她賣掉，而這是不可能的。然而，考慮得那麼遠是理性的嗎？

到底考慮到多長遠的未來，才算理性？

花一百萬元購買精靈小姐是不理性的嗎？別忘了，你同意這筆交易，並得到了精靈小姐，她立刻給你變出一百萬元。假設你認為用一百萬元買她是理性的，想必其他人也可能認為用九十九萬九千九百九十九元跟你買是理性的。他是看你花了一百萬元才這麼認為；他覺得他也可以用九十九萬九千九百九十八元售出，畢竟和一百萬元的差距微乎其微。有趣的是，人之所以認為一件事理性，或者一件事最終可能成為理性，有部分是取決於別人認為的理性。當然，我們預期精靈小姐的售價會愈來愈低，所以對於是否真有「理性」的買家，我們愈是感到不確定。

以精靈小姐為例，假如你要成為買家，先決條件是其他人得照辦。換作是其他情況，你可能不會希望有人照辦。比方說，為了成為羅馬內米鎮一座古老神殿裡的祭司，你必須先把前任祭司殺死。假如你認為成為祭司是理性的，那麼其他人欲照辦時，你就得死於非命了。

精靈小姐的故事令我們不禁要想，我們今日的行為，受到未來影響有多大。我們想存錢度個好假，若是多存一年，就能享受到更奢華的好假。假設你有瓶愈陳愈香的紅酒，不如明年再喝吧——再一年，再一年。當然，這裡會產生各種不確定性，例如哪天要是不小心把酒瓶摔破，就什麼也沒了。但是，這裡的不確定性，是我們評斷該看多遠時唯一要考慮的因素嗎？

假如五年後，你喝了這瓶酒，並後悔沒等到第六年再喝，到那時應該會更醇更香。假設這瓶酒無限期愈陳愈香，且假設你永生不死，那麼你就永遠不會喝這瓶酒了。假如做一件你知道往後必後悔的事是不理性的話，那你永遠不會喝這瓶酒——假如你認為應該追求最大程度的滿足，那你就會後悔喝下它。然而，這種判斷本身是錯誤的。

舉個日常生活的例子。大家都知道，手機愈出只會效率愈快、功能愈多。倘若每個人都被這種想法支配，就會一直拖著不買手機——永遠拖下去。因為他們總是知道明年會出更好的手機。追求完美——最棒的手機、最醇的酒、最合拍的伴侶——不僅最終尋不得完美，亦錯失享有還不錯事物的機會。總之，矛盾在於，當下的「好」和未來的「更好」互相拉扯。

❄ ❄ ❄

想像你現在有一筆錢，比方說三萬好了，可以捐給一個值得信賴的慈善機構，拯救一些人免於飢餓之苦。這樣是挺好的，但是以後再捐可能更好。因為假如過久一點再捐，你就可以先拿去投資，到時候連本帶利拿回，外加營養品變便宜，這筆錢就可以拯救更多生命。假如以這種方式可以拯救更多生命，那麼為了更多人的美好未來，現在是不是讓一些人挨點餓好呢？可是，那個「未來」永遠不會到來。因為原則上，這種論證可以反覆地應用下去。

這例子說明了一件事，追求最大的滿足，往往是不理性的，無論經濟學家怎麼說。理性要求我們接受夠好的事物即可，也就是「知足」就好。談論到自己，知足所體現的美德是節制，而非貪婪。談論到助人，知足所體現的美德是對**現在**受苦之人產生悲憫，而非對未知未來的那些人。

有些人十分重視長遠的未來。臭氧層破洞、環境汙染、核廢料……人們愈來愈擔憂未來的世代。然而，這種擔憂卻可能將資源與注意力——根據替未來世代所規畫的福利浮動而有不同——從當下真正受苦的族群轉移開來。此外，關注未來世代的福利，將促使現今社會產生變革。這樣的變革可以說意味著，未來實際上出生的人，和不這麼做的情況下而出生的人，已經不是同一批人了。所以很矛盾，為了幫助未來世代，方法是生出一批不同的未來世代——對於將不會出生的人，這算哪門子福利？

為了遙遠的未來和不確定的福利而犧牲現在，無論是為了自己或是未來世代，可能是不理性的。這是程度問題。英國經濟學家凱因斯（John Maynard Keynes）曾打趣說：「長遠來看，我們已經死了。」凱因斯不需要靠著精靈小姐的故事，就已開始考慮永恆詛咒的問題。不過這番打趣之言倒是提醒了我們，我們只是生命有限的人類，沒有無懈可擊的遠見和理性。

人的生命有限，與其等待更好的事物出現，不如既來之，則安之。這可能是比較理性的做法。等待充其量意味著什麼都等不到。

迷思12・胎兒有問題，到底該不該生？
迷思13・駱駝老千。
迷思32・長生不死到底是好事還是壞事？

「當然，我們擁有業界最高標準。」一個戴著墨鏡的女人微笑著說。

「是啊，」丹懶洋洋地咕噥著，「但妳請我吃飯又請我喝酒，有什麼意圖？是不是有個大型電視節目要我幫忙？」

「媒體曝光，」女人說，「你要知道，可能會有這種後果，非常可能。你今晚的決定是關鍵。」

丹沒聽懂這句話的含意。每次喝到微醺，旁邊又有性感的女服務生走來走去，他就不能集中精神。

「是的，我們知道你在北韓的特殊癖好，還有你喜歡『協助』漂亮女生進演藝圈。你這個人很有意思，丹。我們的媒體研究員對你的生活各層面都非常感興趣。」

丹的背脊一陣寒涼，神智瞬間清醒。他現在終於集中注意力，臉頰因恐懼和尷尬一下子發白，一下子泛紅。

「但是，但是……你聽我說……」

「別擔心，你簽的那些軍備合同並沒有錯，你的私人投資和小過失也沒礙到別人。你是要說這個嗎？我完全同意。這正是我找你過來的原因。」

丹點了點頭，但要鬆一口氣還言之過早。

「你放心，丹，我們公司是站在你這邊的。別人可就難說了。那些報社——低俗下流的小報——早就捧著大把大把的鈔票，跟我們要你的個人情報。你在政治界是眾所矚目的野獸，大家都在追逐你的祕密。現在，假如你捐點錢給我們——一筆不小的數目——我們保證封住媒體研究員的嘴，一個字都不會透露。我們會拋出其他獵物讓他們去追。」

「萬一我負擔不起這筆……呃……呃……捐款，會怎麼樣？」

「恐怕研究員就得做他們該做的事了。他們只是在盡自己的本分。」

「這是敲詐吧！」丹氣得說。

「欸，欸，丹，注意你的用詞。你要把這當作天上掉下來的大好機會。同時，我們希望不久之後，等社會變得更開明，我們就可以成立敲詐公眾有限公司，而我們的座右銘就是：『你的祕密，我們掩護。』無論我們發現什麼不可告人的生活，都會幫忙掩人耳目——只要你捐一筆適當的金額。這種服務很值得的，你一定同意。」

敲詐有什麼錯？

敲詐既不合法，亦不合乎道德。大家都這麼認為。為什麼？敲詐者提供「客戶」原本沒有的機會——業者宣稱即將成立敲詐公眾有限公司，堅持對方不是「受害者」。假如敲詐公眾有限公司走漏消息，客戶便成了受害者。但他們提供你一個寶貴的選擇：公開，或不公開。當然，如果你選擇不公開，就要花一筆費用。但是你要選擇公開也是可以，這樣就不用捐錢。只不過大多數人寧可捐錢，也不願讓私生活曝光。

現在來集中討論道德問題。敲詐者提出的兩個條件各自看來都沒有不對：揭露真相沒什麼不對，為了個人利益要求捐錢也沒什麼不對。所以有人可能會說，兩個選項都合乎道德，在它們之間擇一也一定合乎道德。

我們可以輕易駁回上述論證。開車在道德上沒問題，但若是酒駕就不行了。接吻大家都愛，但若一方吃了大蒜，可就不是這麼一回事了。大笑絕對不是件惡意的事，但若是在喪禮上，恐怕就說不過去。飲酒、吃大蒜、參加喪禮本身都沒有問題，但和開車、接吻、大笑加在一起，就無法讓人接受。單獨成分可被接受，組合在一起便不為人所接受——道理很簡單。酒駕很危險，吃大蒜接吻考驗對方的感官，在喪禮大笑對家屬不敬。

那麼，敲詐的個別成分都可被接受，組合後卻不為道德所接受，理由又是什麼？其中一個答案是，不答應敲詐者意味著受害者會遭受到傷害，然而答應敲詐者的要求，受害這仍會受到財務損失的傷害。具備這種特質的組合非常多，而且表面上都合乎道德。「你再喝酒，我就跟你離婚。」「公司不給獎金，我們就辭職，去國外找工作。」「政府如果要增稅，我們只好去海外設公司。」的確，後面兩種例子近年來令民眾十分反感，銀行業者紛紛以這種理由出走。但是資本主義社會的價值理念，就是鼓勵高效率的經濟競爭，包含在合法範圍內減少稅務支出。

要理清上述敲詐的謎題，我們就不能貿然接受以下觀點：敲詐所含成分各自來看都合乎道德。我們舉兩個極端的例子作為說明，都與我們被敲詐的可憐蟲丹有關。

第一個極端例子。

丹參與了某種檯面下的軍火交易，攸關公眾權益。這事唯有曝光，有關當局才會注意到法律漏洞並加以改善。丹的交易確實是犯罪，在這種情況下，敲詐行為便是錯誤，因為敲詐者是在向丹提議串通來協助掩飾其犯罪行為。敲詐者應該讓這件事曝光，而不是幫忙隱瞞，還藉此自肥。丹可以選擇付錢隱瞞自己的犯罪行為。然而，無論他是否這麼做，這種事情都應該曝光。

另一個極端例子。

丹沒有做任何會損及公眾權益的事。他只是縱情聲色，私生活不檢點。這種事情倘若曝光，會令他無地自容，卻不會傷害到任何人。在這種情況下，敲詐者是利用錯誤手段——公然羞辱丹——藉以圖利。當然，丹可以花錢消災，省得沒臉見人。然而，無論他是否這麼做，這種事情都不應該曝光。

在這兩種情況下，敲詐者都在試圖做錯誤的事。一是掩蓋不該掩蓋的事，二是威脅讓不該曝光的事曝光。這就是即使套到其他不那麼極端的情況中，敲詐仍不可取的原因。只不過，在較不極端的情況當中，是非黑白較難以斷定。比方說，有人可能發現教會人員跑去召妓，或是譴責毒品的政治領袖竟然吸毒。有時，把這些事情公諸於世可能是對的，有時卻不然。曝光或不曝光的動機，不應由曝光者潛在的金錢利益所決定，而是要看做這件事情對或不對。

❄　❄　❄

傳聞中的陪睡文化，就是動機不正確。導演挑選女演員，應該看她們適不適合這個角色，而不是看她們適不適合做性伴侶。主管任用職員應該看他適不適任，而不是看他們有沒有「老交情」。

前面提到幾個類似敲詐的例子：投資經理要求公司提供獎金，否則就要辭職不幹；企業威脅出走；老婆吵著要離婚。這些例子又該怎麼看？這裡其實有灰色地帶；有時候算敲詐，有時候則是可以允許。有些投資經理對公司財富貢獻良多；企業總裁的用意是幫公司節稅；有個酒鬼先生會毀了婚姻。當然還有其他因素需要考慮：投資經理有沒有獅子大開口——這顯然與敲詐無異；企業總裁不需要對國家忠誠嗎？經歷婚姻低潮時，伴侶也許沒有互相體諒。

這個敲詐的謎題價值在哪裡呢？它提醒了我們，做事要有正當理由。正當的理由通常不包含純粹為了中飽私囊而恐嚇別人。

迷思22・聊了半天，結果這次蠍子還是螫了青蛙。

迷思16・在街上避開乞丐，為什麼要良心不安？

迷思1・反對死刑的劊子手？

政治

迷思9
民主是艘船，需要個好船長。

生了重病，就該去找醫生、醫學專家或護理師。鞋子破了，有理智的人都知道要去找手藝精湛的鞋匠。想學曼陀林，最好找會彈奏的人來教你。他們都必須是專家。理性的人不可能去找個不懂解剖學的醫生動手術，或讓一個音痴替他們的鋼琴調音。遇到數學、醫療、音樂方面的問題，欲尋求最佳解決方法時，我們不會嚷著「讓我們拿出民主精神」。我們不會透過多數表決來決定，我們會尋求專業。因為我們知道，像這種需要專業技能和知識的問題，多數決並不可靠。可是，為什麼治國之事，卻要訴諸民主投票呢？英國首相邱吉爾曾打趣道：「跟普通選民相處五分鐘，你的民主信念就會完全破滅。」

美國總統林肯以「民有，民治，民享」簡潔有力地道出民主真諦。但是，不同國家對於「人民」的定義，以及什麼是為人民「所有」、「所治」、「所享」的標準各有不同。

為「民」所治的「民」，指的是成年人，由他們票選出代表或進行各種公投。其中有的人是真懂，但多的是亂聽來的。投票的標準大多是依據自己利益，有的人則是依據自身覺得何者對國家整體最為有利。投票規則可採多數制，於大大小小的選區中採行「領先者當選制」，抑或按比例決定席次。無論採取哪一種方法，都沒有很好的理由支持我們相信，所選出來的政府或政策是最好的，或至少是較好的。

欲判斷什麼對社會好，需要從經濟、道德體系、社會學去評估，不僅要了解犯罪、疏離、疾病的成因，亦需考慮納稅層級、核能、環保等社經後果。沒有人真的相信大多數選民或少數重要選民對此類議題有深入了解。的確，當專家意見不同，我們可能會聽多數一方的。然而，民主幾乎是把投票權交到所有人手上，而不是交給專家。這些「所有人」輕易就把具有相關專業知識的少數人給淹沒了。

為什麼要民主？

上述反民主的思考，源自兩千五百年前柏拉圖的對話錄《理想國》（*The Republic*）。柏拉圖提醒我們，在一艘船上，我們應該選擇經驗老到的船長導航，而不是讓一群嘰嘰喳喳吵個不停的船員投票決定未來的天氣狀態，或決定哪裡危險不能去——即便你我就是那些嘰嘰喳喳的船員，也不應該這麼做。

柏拉圖所說的爭吵不休的船員，指的就是暴民。把統治權交到暴民手上，就是**暴民政治**（ochlocracy），這和民主政治是有區別的。在柏拉圖的時代，「民主政治」是讓具有某種社會地位的公民來統治國家，形式可以是直接民主，讓符合資格的公民聚集在市民廣場，針對提案展開辯論，然後直接投票表決。美國開國元勛詹姆士·麥迪遜（James Madison）熟諳古老的民主傳統，才會稱美國為共和國（republic），而非民主國。

今日的民主政體與古時相比，已經變得很不一樣了，現在是讓職業的從政人士透過競選，爭取成為人民的代表。這種選舉機制，很有可能把權力交給那些很會說話、具有個人魅力且擁有商界支持的人。這就是為什麼古時候有些民主政體會採用抽籤來選拔領導者，以避免有魅力的人吃香、樸實的人吃虧的情況發生——畢竟，這可就不公平了。

柏拉圖的論點有錯嗎？他的船隻比喻，或許可以拿來攻擊他的立場。柏拉圖所描述的船長不是一般的船長，只需把乘客送到他們指定的目的地就好。這個船長認為，指定日的地和決定路線都是他的職責。就好比餐廳服務生不務正業，不好好幫你點餐、上菜，還去管你該吃什麼一樣。話說回來，有些餐廳還真的是這樣。

不過，上述對柏拉圖的批評本身也有瑕疵。它暗示著，有些重大政治決策只需考量人民「當時」剛好想要什麼。在餐廳裡，我可能今天剛好想吃羊肉，不想吃鮭魚。可是社會的運作絕非如此簡單。即使在餐廳裡，我也不是想吃什麼就吃什麼，還要考慮哪道料理適合我。也許我有心臟病要忌口，也許我關心動物福祉不吃肉。舉例來說，有些公民以為自身和整體社會的最佳利益可透過替富人減稅來實現，這可真的是誤會一場。

前面對柏拉圖的批評，還可能產生以下粗糙且不正確的觀點，此觀點與價值觀有關：每一個人的意見以至於他的一票都是都同樣地好——好似孰是孰非「怎樣都行」。儘管柏拉圖的比喻是誇大了點，但卻提醒了我們，在決定路線和目的地時，意即談到什麼是一個社會值得想望，又當珍視何種價值觀時，我們是有可能會犯錯的。這正好顯示出，由少數人決策的直接民主可能是理想狀態，而且是非常理想；由博聞多識的人展開辯論、討論，最終對社會運作的最佳方式達成共識。然而，我們並沒有理由認為，他們對於最佳路線和最佳目的地一定會有共識。即便所有選民都帶著最大的善意，以智慧在思考什麼對社會最好，也未必會得出共識。比方說，一群有思想、有道德感、重視社會公平的好人，在面對賦稅制度、大學錄取、福利政策等方面，到底怎麼樣才算公平，還是會有歧見。

「何者需視為優先」一直是衝突所在。民主投票是一種決策機制，無論最終決定為何，至少選民都參與了這個機制。這可能讓民眾更同意最終選出的政府與法律，畢竟你以選民的身分參與了決策。但是，假如選舉結果和你的投票相反，意即你屬於少數派，選舉結果可能讓你感到被排擠、感到自由被侵犯。也許你投票支持自願安樂死、性交易合法或加重遺產稅，然而當選的政府卻往反方向去立法。那麼一來，你就難以認同這個社會的價值觀。

＊　＊　＊

人民是選舉過程的一部分，儘管有時候他們的選擇非常少，也經常無效。因此，參與投票只是一種虛幻的優勢。但是政治人物仍得卯足全力爭取選票，盡力吸引潛在的選民。吸引的方式通常就是鎖定選民看得到的短期利益。

究其根本，民主的價值可能在於促進平等和自由。除了小孩子、精神病患和特定族群之外，幾乎人人都有投票權。因此有人便說，民主政治是讓選民自己治理自己：他們擁有自主性，而不是被強加律法。然而，這是極度誤導的說法。如前面所述，少數選民很可能必須在違背自己意願的法律下掙扎度日。

也許，民主的價值在於它強調尊重人民的權利，倒不是因為人民有投票權，而是因為人民有出於尊重人民需求的否決權。否決權保護人民不受暴政侵害，哪怕這個暴政是屬於多數人或是符合傳統的政府、是強權政府還是企圖掌權的少數人政府。

柏拉圖這個船的故事，為我們點了一盞明燈：民主需要一個好船長，引領我們遠離暴政，無論選舉結果如何。當然，人民目標不一致，是個存在已久的問題。至少，民主容許不同的意見發聲，正是這些雜七雜八的聲音，讓社會能夠尊重多元，容許批判。誠如愛德華・福斯特（E. M. Forster）數十年前所言，儘管民主充滿假象、毫無效率、危機四伏，還是值得我們給它「兩聲歡呼」*。

迷思26・小心，別讓偏好的跳躍導致你破財！

迷思16・在街上避開乞丐，為什麼要良心不安？

迷思28・嚴刑峻法有什麼不好？

* 譯注：福斯特在其《給民主兩聲歡呼》（*Two Cheers for Democracy*）一書中提到，給民主兩聲歡呼就夠了，一是為其兼容並蓄，二是為其容許批判。至於第三聲歡呼就免了。

迷思10——幸災樂禍不行嗎？

俗話說：「一個人的快樂，就是目睹最好的朋友從屋頂上跌落。」這句話正是本章謎題之核心。為了具體說明，讓我們想像一個虛構人物。

直至昨日，艾許德夫人*都還是政府高級大臣。文官們都同意，儘管她為人狂妄，職務表現確實出色。就在今天，她的世界一夕崩解。她在私下談話中講了幾句首相的壞話，讓人給聽見了。她還提到自己支持獵狐活動，卻投票反對獵狐。最糟的是，她的部門竟然搞丟了機密文件。今日各大報紙頭版，全都以斗大標題抨擊艾許德夫人。於是她下台了。

* 譯注：艾許德夫人，原文 Lady Assured，assured 一字為有自信之意。

當我們看到這樣的新聞，應如何反應？當然，我們可能不痛不癢，但有人會覺得她很倒楣。人們私底下說三道四是常有的事，只差沒傳出去。政府大臣必須遵從黨的方針，例如對獵狐的立場，即便政黨方針與個人理念相悖。再說，弄丟機密資料一事，艾許德夫人也是有夠衰，倒楣事偏偏給她碰上。但她做了該做的事，一句「我負責」一肩扛下。

這是個關於「幸災樂禍」的問題。我們要討論的是，那些從艾許德夫人的不幸中獲得快樂的人是什麼心態，他們就是忍不住嘴角上揚。許多人偶爾都會幸災樂禍——儘管有人揶揄說，怎麼就偏偏讓德國人造了個可以形容這種感覺的字*。一九九七年英國大選時，年輕又自大的內閣大臣麥克．波帝洛（Michael Portillo）敗選，數百萬人看著他失敗，從中得到了快樂，這就是幸災樂禍。

「幸災樂禍」具有負面的意涵。假如我們還在想它到底有沒有錯，就已經預設它是有錯。人們總認為好人才不會幸災樂禍，這是為什麼？幸災樂禍難道就不可能是好事嗎？

幸災樂禍是好事嗎？

假設你從別人的痛苦中得到快樂，比方竊賊被逮著了還被痛扁一番，或者酒駕的人被罰款。此時，你的快樂可能是因為他們罪有應得。只要牽涉到犯錯與懲罰，就表示這種快樂不是惡意的。有些人看到艾許德夫人垮台，心中竊喜，也許僅是因為他們認為虛偽之人就該下台。

有些高尚的人會說，幸災樂禍合理，僅當那些不幸的痛苦是正義伸張下的必然結果。快樂是來自於正義得到伸張，而不是因為看到別人受苦。甚至於，我們可以，或者應該同情那些活該受苦的人。老校長拿藤條打那些聰明的小學生時，總是一面說著「我比你還痛」。小男生偷蘋果被抓包，他可能只是遺憾，但是要是他們被抓包還被處罰，他就會很高興。

即使不談處罰，我們還是會對別人的不幸感到快樂，因為該不幸所引發的後果讓我們感到快樂。獵狐的支持者可能對艾許德夫人下台感到欣慰，因為她一下台，反獵狐法就有機會被廢除。於此同時，他們仍會替她難過。這些人可能會說，他們欣喜的是她下台所帶來的後果，而非她的不幸。

* 編注：schadenfreude 一字源自於德文，描述從別人的不幸或失敗中獲得快樂的感覺，即中文的幸災樂禍，英文中並沒有對應的單字可以形容這個感覺。

涉及後續所採取的處罰或特定手段，就已經不是純粹的幸災樂禍。報復的快感也不是幸災樂禍，因為我們幸災樂禍的對象可能根本沒有傷害我們。有時候，純粹就是「別人的不幸是我的快樂」。艾許德夫人下台，我們體驗到這種快樂，不是因為我們特別關心獵人有沒有機會「呔呵」＊，也不是認為政府大臣管理部門不可以有失誤。這種快樂也許純粹就是幸災樂禍。但是，純粹的幸災樂禍，就應該被譴責是惡意行為嗎？

以別人的痛苦為樂，暗示我們希望這種事情發生。期待別人受苦就只是純粹惡意的行為。但是，體驗到幸災樂禍的人是不是一定想要這種經驗，我們並不知道。與之相反，是某些不幸的事發生了才帶給他們這種經驗。以特定類型的不幸為樂，顯然代表了一種邪惡性格。如果有人原本日子已經過得夠悲慘，還要遭逢更多苦難，你卻以之為樂，簡直就是壞透了。想想地震的受災戶，已經很慘了，還要承受餘震所帶來的傷害。想想那些窮苦人家，如果再因為戰爭而流離失所，無疑是雪上加霜。無論如何，拿這些事情來幸災樂禍就是不對的。

假如要將「幸災樂禍」合理化，就必須是針對那些在社會上過得不錯的人。而且可以這麼說：必須針對那些自得意滿、不知收斂的人。也許艾許德夫人就是態度傲慢，才使得某些人對她遭遇幸災樂禍。然而，這種思考會讓我們回到處罰的問題：驕傲的人就該重重地跌一跤，自大的人就該嘗嘗卑微的滋味。再一次，我們回到了高尚的立場。這種立場表明，快樂應該是建立在他們罪有應得，而不是因為他們受罪。若如此，欲辯證幸災樂禍的合理化可不涉及處罰，我們又一次辯證失敗了。

❄ ❄ ❄

讓我們來看看，是否能將幸災樂禍合理化，而不會演變成眼見別人罪有應得的快樂。

你看到一個西裝筆挺的男人自信滿滿地走出來，轉動著他的手杖。不一會兒，一隻鴿子不偏不倚送他一坨鳥屎；或者突然下起雷陣雨，淋得他一身濕。我們看著有趣，隨即哈哈大笑，原因純脆是反差太大。這個男人不應該蒙受這種不幸。鴿子和雷陣雨都是突如其來的意外，非他所能控制。他是突然間被它們擺弄了。他是運氣不好。艾許德夫人弄丟機密文件，也是運氣不好。她的下台，也就是我們幸災樂禍的事，很有可能單單是那個不幸所造成。那，這些例子證明了什麼？

這證明了該名男子、艾許德夫人以及你我都一樣，活在命運女神的手中，任由不幸和

＊譯注：原文為 Tally-ho，意指獵人發現狐狸時所發出的吆喝聲，示意同伴目標出現。

機運擺布。哲學家馬基維利（Machiavelli）曾經形容，命運女神是我們試圖駕馭的女人，然而最終在她面前，我們是如此不堪一擊。

男子筆挺的西裝、鑲銀的手杖、自信的眼神，顯示他的人生一帆風順，但是鴿子的消化不良和突來的雷陣雨，又帶給他的人生一絲曲折。艾許德夫人官高權重，顯示她過得很安穩，但是厄運的降臨，粉碎了這種安穩。這些不幸，突顯了每一個人共同的脆弱：在命運女神面前，我們恢復人人平等。幸災樂禍，就是在慶祝我們恢復平等。

所以，這樣的慶祝算是惡意或沒有價值嗎？有些人會說，這些例子只證明了我們嫉妒別人成功。有時的確如此，但不盡然。甚至，如果日子過得太順，一不小心栽了下來，我們也會對自己幸災樂禍一番。幸災樂禍仰賴於對人性的理解，知道我們同在充滿不確定的人生汪洋中，航行前進。

前英國首相麥米倫（Harold Macmillan）被問及如何決策時，他說：「事件，老兄，是事件。」倘若你明白「事件，老兄，是事件」換句話說就是命運，是命運將我們綁在一起，那麼幸災樂禍就是理解了這件事之後所產生的快樂——無論命運是以弄丟資料、突發雷陣雨或是粗心大意的鴿子的形式出現。

迷思6・謙虛的老鼠，比傲慢的貓還傲慢？
迷思8・被敲詐的軍火商。
迷思12・胎兒有問題，到底該不該生？

迷思11 消失的山羊。

我有一隻山羊，就這麼一隻。牠靜靜地坐在我的左邊，一起聽著普賽爾（Purcell）的樂曲。有隻動物從門口悠晃了進來——是隻山羊。牠長得跟我這隻很像。我看到我的山羊還坐在左邊，所以門口那隻不是我的山羊。我所看見的事實，證明了走進來的那隻山羊不是我的山羊。我的這隻仍好端端、靜悄悄地坐在我左邊。一隻山羊絕不可能同一時間，處於兩個空間上不同且不連續的位置。一隻山羊不可能變成兩隻山羊。

我有一隻山羊，同前面一樣。牠靜靜地坐在我的左邊，一起聽著普賽爾的樂曲。我不小心睡著了。幾分鐘後我醒來，左邊空空的，沒有動物。有隻動物從門口悠晃了進來——是隻山羊。牠長得就像我的這隻。我所看見的事實，有那麼**一點兒**可以證明門口那隻是我的山羊。四周沒有別的山羊了——我查看過——我下了結論：那隻悠晃的山羊就是我的山羊。經過了一段時間，一隻山羊是有可能改變位置的。

經過一段時間，一隻山羊有可能改變位置。但是經過一段時間，兩個位置之間難道不具有空間的連續性和相鄰性嗎？以這個故事為例，我們難道不可能畫出這隻羊隨時間變化其所在位置於空間構成的連續線嗎？也就是從我的左邊到門口的連續線。當然，這種空間連續性應該是存在的。但是，**必然**要存在這種空間連續性，我的羊才能隨著時間推移仍然是同一隻羊嗎？令人費解的是，許多人都這麼認為。

我的山羊必須隨著時間推移，連續性地存在嗎？

假設我睡著了，場景和前面一樣。沒有跡象顯示，我的山羊踮著腳尖，繞過熟睡的我溜掉；沒有跡象顯示我的山羊從窗戶跳出去，旋即繞回門口；沒有跡象顯示屋頂曾被掀開，一台起重機把我的山羊吊出去、降落在門口，牠還能毫髮無傷、泰然自若（屋頂也被恢復原狀）。總之，沒有任何跡象顯示這隻羊發生過連續移動，從我的左邊到了門口。但多種跡象都指出，現在走進來的動物就是我的山羊：愛聽普賽爾，左蹄前端有胎記，叫聲很熟悉。為什麼我們非得要堅持，假如牠是我的同一隻山羊，牠就一定得經過連續的空間位置，從我左邊移動到門口才行？

有些人這麼堅持是基於下列理由。假設這其中發生了不連續性：也許我的山羊消失了一段時間，然後就這麼憑空出現在另一個地方，沒經過中間相連的位置。假設這種不連續性成立，那麼當我的山羊消失後，就可以想像不同的情況發生。比方說，隨後出現了兩隻羊，一隻在我左邊，一隻在我右邊，兩隻看起來都像是我那隻。沒了空間連續性，我就沒有理由認為我的山羊重新出現在我左邊，而不是右邊。而我那隻山羊不可能不知怎麼搞的，同時出現在我的左邊跟右邊。

有了上述複製的可能性，意即山羊的數量可從兩隻增加到任何數量，牠們之間的距離也可以拉更開——那麼，現在出現在門口的那隻山羊（發生了空間不連續的情況）就不可能是我的山羊。從一個空間不連續的例子，我們可以想出許多種不只一隻山羊的例子——不管是兩隻或好幾隻。我們也有理由認為，後面變出來的那些山羊，其中有一隻是我原本的山羊。

我們能不能找到一種特性，是可以在沒有空間連續性的情況下，保留了山羊的同一性（identity），使得那隻山羊就是我的山羊呢？

回到我的這隻山羊。我對牠再熟悉不過了。我們一起散步，一起聽普賽爾。牠長得漂亮，是我忠實的好夥伴。到目前為止，牠仍是隻普通的山羊。有一天怪事發生了。牠在田野上嬉鬧著，瞬間從我眼前消失，沒幾分鐘又出現了。也許是我分心，也許是我酒喝多了也累了吧。此後，每隔幾天，牠都會發生這種間隙——山羊間隙，時間甚至愈來愈長。其他人也注意到了。從這裡，我們可以發展出各種故事。牠每次消失之後，又會以一模一樣的姿態重新出現在消失前的地點，又或者以山羊的平均速度往前移動了幾分鐘的距離。牠的鬍子與身體的相對位置沒變，跟幾分鐘前一樣，或者稍微偏了一邊，被風吹的緣故。

科學家們對此現象十分困惑，因此介入調查。結果發現，從各個方面來看，儘管中間發生了間隙，牠在性質上與先前的羊並無差別。但是，兩枚一元硬幣就算性質上一模一樣，可能一枚是你的，一枚是我的，在數量上也已經不同。因此，每次重新出現的那隻羊，都是**我的**羊嗎？在數量上是同一隻羊嗎？

動機不同，想要的答案也會不同。比如，我的山羊剛贏得年度山羊大獎，獲得一紙豐厚的合約。所以，消失了幾分鐘又出現的山羊，或者從門口走進來的山羊，最好是我那隻山羊。又譬如，我替山羊買了保險，萬一牠掛點，我可以領保險金。所以，我倒希望眼前這隻山羊不是我的。至於這隻山羊究竟是不是我的山羊，肯定不是我說了算，一定有些事實根據。

當我們已經確認了牠的體型、蹄印、咩咩叫聲，也做了基因鑑定、虹膜辨識，還有哪些事實可以證明呢？答案已經出現過了，就是空間連續性。但是，為什麼空間連續性會是數量同一性的必要條件？當我們將「同一」理解為「單一且相同的個體」時，通常會涉及空間連續性。這並不表示在理解「單一且相同」上，空間連續性是必要條件。

我那生命充滿間隙的山羊，在田野上嬉鬧著，除了偶而搞失蹤之外，一直維持規律的活動和一樣的身體結構。我餵牠吃東西，儘管正好發生幾次山羊間隙，牠還是吃了（一會兒）。假如牠肚子裡有「小寶寶」，儘管持續發生間隙，牠整體孕期也差不多就跟一般山羊一樣。諸如此類。引用十七世紀偉大哲學家萊布尼茲（Leibniz）的建議：欲保證同連續個體之存在，就必須採納統一性（unity）的主動原則。透過規律得到統一性乃是關鍵。在這個規則的世界裡，此種規律性是事物通常能連續不間斷的根本。然而，山羊的故事告訴我們，這種根本的規律性和空間間隙是相容的。我的山羊出現了間隙，仍維持同一個體。

一旦失去規律性，我們便要懷疑這是否還是同個物體。一個瓶子被砸碎，被破壞了，這些碎片不能再作為一個瓶子使用。媽媽生下小孩之後，孩子的行為與媽媽立刻不再具有空間上的規律。行為規律使得一樣物品或一隻動物得以聚合，成為一個整體。亦是行為規律，讓我們將一群蜜蜂或一群綿羊，視為具有某種統一性的整體。

布萊尼茲提出的「統一性的主動原則」，使得一樣物品能夠保持為同一、甚至發生間隙的一個整體。但是這個理論可能會碰上複製的麻煩。發生一次間隙後，也許同時冒出兩隻或兩百零二隻山羊，牠們身上的規律性都與原來那隻一模一樣。我們無法判斷哪一隻是我的山羊。

❄ ❄ ❄

複製的論證，也可以拿來反駁任何被認為具有時空連續性的實體的同一性，例如一隻山羊的同一性。我們可以做一個思想實驗：一隻正常的山羊可以分裂成無數隻一模一樣的山羊。此時，儘管只有單一一隻山羊，下一秒的牠也已經不是原來的牠。只不過，這種結論實在荒謬，因為如此一來，單一且相同的實體能隨時間推移而持續存在的概念，便不復成立。

當然，間隙也有可能失控。我們可以想像山羊們就這麼消失得無影無蹤，幾年後，分別在宇宙中的不同地方出現。這下子，從哲學的角度，我們可要傷透腦筋了。牠們到底在數量上能不能算是同一隻山羊呢？在這種情況下，好像少了前面要求的統一性。不過，誰知道在這些詭異的情況下，人還能想像出什麼東西來。

思想實驗必須謹慎為之。我們的概念是建立在對至今這個世界的理解上。為了嚴肅看待複製的可能性，這個概念就不能損及我們的正常理解，即：物體隨著時間推移仍維持數量不變。山羊間隙的小故事是一個思想實驗，但其實很有道理，絕不是我們想太多。縱有間隙，我的山羊可以持續為我的山羊，數量上不變。

現在我們終於知道，為什麼經過一段時間，一隻動物仍是同一隻動物，不在於空間持續性，亦不是我們隨口說了算。這個問題要看那隻動物，也就是那個生物團塊合而為一的完整性。倘若我們深入思考，就能明白這個道理不僅適用於山羊，也適用於人類。現在請思考，你的生命如欲隨著時間推移維持同一生命，那麼，你的價值觀、記憶、意圖、性格特徵、身體特徵和能力，又該結合到一個怎麼樣的完整性呢？

迷思18．因為小熊是粉紅色，所以青蛙是綠色？
迷思25．看不見、摸不著、聽不到……所以不存在？
迷思21．就算你叫破喉嚨，也沒有人……
迷思1．反對死刑的劊子手？

迷思12 胎兒有問題，到底該不該生？

為人父母，總希望給孩子最好的。當他們心中出現這樣的渴望時，孩子通常已經出生了——我是說通常。有時候，我們在孩子出生前，就已經煩惱什麼對他們最好。最近，憂心忡忡的未來爸媽們，甚至在懷孕前就開始注意飲食、戒菸戒酒，還去做健康檢查，確保一切順利。由於擔心下一代的健康，女性一旦懷孕，總會被一籮筐的建議轟炸。照超音波啦，吃維他命啦，據我所知，連眼線筆都有孕婦專用。

現在，發生了幾起悲劇——痛苦的兩難境地。醫生發現胎兒嚴重畸形，建議拿掉，說了一句：「再努力看看吧。」還有些更具爭議的案例，同樣是悲劇，有的醫生建議拿掉，有的不用，要看胎兒殘疾的情況。這裡我們先不討論可能需要墮胎的情況，以免大家情緒激動。在這個階段，我們先集中討論懷孕前的案例。

有個女人想要孩子，但她患有一種重病，造成體內化學物質失衡。假如她現在就要懷孕，生下來的孩子恐怕先天殘疾。醫生建議晚幾個月再懷孕，屆時她健康狀況好一些，孩子也會比較健康。

以後再懷孕，對你跟孩子都比較好。

這個矛盾的主張很……矛盾。怎麼可能對孩子比較好？假如現在不懷孕，原本要出生的那個孩子就不會出生了。到時候出生的是另一個小孩，因為結合的卵子和精子已經和現在不一樣了。這裡所引發的的困惑是：

有生錯了這回事嗎？

許多人碰到這樣的問題，都會選擇先不要懷孕。這絕對是正確的選擇。假如這是正確做法，相對表示，這個女人選擇現在懷孕就是錯誤的做法。那麼，我們假設她真的這麼做了，生下來的孩子帶有殘疾，然後長大了。假如這麼做造成了傷害，那是什麼傷害呢？

是孩子受到傷害嗎？假如母親沒懷孕，這孩子也不會存在。所以，到底有無傷害，要看這孩子的人生整體而言是不是一種傷害，是否承受太多痛苦，長大後無法照顧自己，或有其他的問題。情況可分為兩種：其一，他整體而言受到傷害；其二，沒有傷害。

假如他過得苦不堪言，總是認為自己根本不該出生，那麼他就受到傷害了：他的傷害源自於來到了這個世上。假如孩子的出生很有可能造成這種痛苦，繼而產生這種心態，那麼我們就有理由相信，延遲懷孕比現在懷上這個小孩要好。但是，假如這個孩子不管患有多嚴重的殘疾，內心依然相信活著真好，那麼懷了他就不會對他造成傷害。假如延遲了懷孕，他就不會擁有這麼寶貴的生命。

上述的思考，都與孩子如何看待自己的生命而定。但這偏離我們要談的事情太遠。別忘了，我們設想這些立場時，孩子都還沒在肚子裡成形呢。假如我們在一個生命被懷上之前，就去關注他的利益的話，是不是也應該設想到其他有可能被懷上的孩子？因為這個女人決定現在懷孕，以至於那些孩子沒辦法被懷上。

一旦我們去思考不同的孩子是怎麼被創造的，那麼無論母親延遲多久懷孕，幾小時也好，幾天、幾個月也好，我們都應該要知道，這等同於在不同個體中選擇要懷上哪一個。假如這個女人延遲懷孕，殘疾的孩子就不會出生，下一次生下了健康的寶寶。假如這個女人沒有延遲懷孕，生下的就是殘疾的寶寶，而不是健康的那一個。無論選擇為何，許多本可能出生的小孩都因而被放棄。雖然許多人覺得挑小孩讓人很不舒服，但某種程度上事實就是如此。

當然，挑選未來的小孩時，亦有可能不是出於對不同小孩的利益考量，而是考慮到其他利益，例如經濟因素。這種因素說明了部分社會為何重男輕女。有的父母還會刻意多懷一胎，當哥哥姐姐的「救星」，提供骨髓以救活上一個小孩。生孩子的動機千千百百種——當然，而且經常，其實並沒有動機，完全就是被性欲給沖昏了頭。

既然非選不可，自然要選最有可能幸福的小孩。而爭論就是從這邊開始的。當我們看到失聰的父母，竟然寧願孩子聽不到，也不願接受讓自己、肚裡胎兒或剛出生的嬰兒接受醫學幫助，不願進行失聰的預防或治療，我們一定對此大為震驚。這樣的父母可能會說，如果孩子也聽不到，一家人比較好過日子——而且對孩子也好。這樣的論點，我們絕對要駁斥。這彷彿是在說，萬一生下了正常的孩子，故意把他弄聾了也是可以的。

也許，選擇可能的未來小孩，這樣的設想本身就是誤導。好似有無數個潛在的小孩，在幽暗的等待室裡徘徊，等著被懷進肚子裡。在這裡做選擇無異於人身攻擊：歧視某個小孩，偏好另一個小孩。當然了，我們時常在人與人之間挑選，你可能喜歡黑髮女人，不喜歡金髮女郎。儘管在許多行業中，這種歧視行為是要遭受譴責的。至於懷孕的問題，我們對於個體沒有直接的差別對待，畢竟他們尚未存在。我們只是在評估，假設一個人存在，他會希望擁有哪些特徵。我們不可能去傷害或利益一個不存在的人。要談傷害或利益，對象必須是已經存在的人。

❄ ❄ ❄

評估一個人希望擁有哪些特徵，不代表我們不尊重那些缺少這些特徵的人。比方我們說，沒有人想要癱瘓，不代表我們不尊重那些癱瘓的人。想想以下類比：重視避孕，不代表不尊重已經出生的人。

當我們在選擇什麼時候懷孕，才不會生出殘缺的孩子時，自然得去思考我們是否該允許胎兒、胚胎或備孕女性進行哪些治療或補強措施。就像已經出生的小孩，我們會讓他們接種疫苗、矯正語言障礙、矯正牙齒，甚至矯正扁平足。許多經濟寬裕的父母，也會幫孩子請家教，希望他們在智力、語言和數學各方面都比別人強。

現在，我們假設準胎兒或媽媽在受孕之前，就可以接受「治療」，好讓未來出生的小孩在智力、道德意識、幸福感等方面有所提升。對此，有哪些理由可以加以駁斥呢？

不知從何時開始，我們對於透過介入來使一個人變得更好感到不安起來。我們的不安也許是來自於，這種行為隱含著強化競爭力的意義。話說回來，對於已經出生的人，我們總是積極改善他們的人生。所以，除了生出來再努力改善，何不從一開始就生一個更好的孩子呢？

迷思32・長生不死到底是好事還是壞事？
迷思1・反對死刑的劊子手？
迷思17・悲傷的究竟是你，還是音樂？

迷思13——駱駝老千。

在沙漠中遇見一隻駱駝不稀奇。但是看到一隻老千駱駝，坐在蘇豪俱樂部的戶外牌桌前，臉上戴著墨鏡，嘴裡叼根雪茄——嗯，我們多少還是會嚇一跳吧。

「這裡有個小遊戲，很適合你們兩個玩。因為我看得出來，你們是理性之人，善於推理——在這一帶，這種人可不多見。」駱駝露出詭異的微笑，說完，牠馬上發給我們兩張牌，牌面朝下。我和朋友阿莉一人一張。牠說這是從一到一百的牌裡抽出來的。

我看著我的牌，阿莉也看了自己的牌。但是我們看不到對方的牌。

駱駝補充說，單憑各自推理，我們是不可能判斷出誰拿到的牌面較小。隔著一團濃密雪茄煙霧，牠眼神閃爍著得意光芒。駱駝方才恭維我們是理性之人，所以我們也不想丟臉。我們兩人不發一語，默默地思考著，試圖從駱駝剛才的言論中找出一點蛛絲馬跡。我看我手裡的牌，阿莉看她的。駱駝堅持我們一定要盡全力推理，但是只能各自推理，不能交談。

沉思了一會兒，我確定阿莉拿到的牌不是一。倘若如此，她一定馬上知道自己拿到最小的牌。駱駝不可能把一發給她，我也的確沒有拿到一。

為了讓情節更加生動，我偷偷向各位透露，我拿到的是二十九，不能讓阿莉知道。搞不好她拿到的是六十三。在此重申，我是真的不知道。顯然，在這樣的情況下——以及更多的情況下——我們一定會毫不猶豫地同意，我們想不出來誰拿到牌比較小。

我可以看到我的牌，二十九。既然我推斷阿莉不可能拿到一，我推斷阿莉也推斷出我不可能拿到一，否則我就會知道自己拿到的牌比較小。

所以（似乎）我們兩人都知道，一已經不用考慮了。現在，假設阿莉拿到二，肯定就比我小。但是我們兩人都知道，按照駱駝的說法，我們不可能推斷得出誰的牌面較小，所以阿莉拿到的絕對不是二。同理，阿莉也會排除我拿到二的可能性。

推理持續著，我們兩人各自在腦海中逐一排除三、四的可能性，以此類推下去。照這樣的邏輯，最後所有數字都會被排除。但不可能啊。我們各自擁有一張牌，數字不同，必有一張較小。假設推理過程出錯，肯定就發生在我眼前，也就是在二十九被排除之時。但是，到底是怎麼出錯的？難怪駱駝要露出詭異的笑——沒錯，就是隻駱駝。

推理過程哪裡出了錯？

駱駝已經把話說得很清楚：

你們誰都不可能推斷出誰的牌面較小。

在我與友人都保持理性的前提下，一方面必須考慮這句話，外加只能看自己的牌、不能交談、也不能偷看。

假設我拿到一，就能合理推斷駱駝的話是錯的。我看到的，足以輕易推翻我從駱駝那裡聽到的。不是因為我的視力優於聽力，而是因為我有更好的理由相信我聽錯了，沒理由相信我眼花看錯了。現在，我手裡不是一。但我如何知道阿莉拿到的不是一呢？

假如阿莉手裡是一，那就換成她認為駱駝講錯了，而不是我。於是，在我們繼續往更大的數字進行這矛盾的推理之前，我們都必須認知到彼此手中不是一。但要如何做到？我們可以公開說出自己不是一，或者駱駝從剩餘的牌中翻出一，就可確保我們都知道一不在我們手上。以上述方式排除一，我們就會得到共同知識（common knowledge）。共同知識的意思是說，我們不僅知道彼此沒有一，而且我知道阿莉知道我知道她知道（以此類推下去）我們兩個都不是一。

一旦有了這個共知，推理就可以繼續：「萬一我們其中一人拿到二呢？」如同一，二也可以用同樣方式排除，要麼我們報牌，要麼由駱駝現牌，從剩餘的牌中抽出二。

以此類推下去……

假設我們用公開方式，把所有的牌一張張排除，而且阿莉和我都認知到這點的話，在裊裊飄升的雪茄迷霧後面，駱駝的神色亦將逐漸不安。因為照此態勢，到了某個時刻，這個矛盾的推理就無法「以此類推」了。阿莉和我將無法確認沒有那張牌，因為牌就在我們其中一人手上，而且那個人知道手中的牌一定比對方小，因為其他更小的牌被排除了。到了那時，駱駝的宣言將證為謬誤。然而，除非透過現牌，否則我們不可能彼此都知道其他小牌都不在我們手上，從而證明駱駝的謬誤。

上述的討論也許證明了一件事：欲使這個矛盾推理能合理排除數字，共同知識乃為前提。這個矛盾推理之所以會失敗，是因為這裡錯誤假設了共同知識存在，然而實際上並不存在。我們兩人都不能開口說話，便有可能其中一人拿到了一，但駱駝卻說誰都不可能想得出誰的牌面較小來誤導我們。

假設我們兩人從一開始就老實講明：「唉，我無法推斷誰的牌面較小。」那我就知道阿莉知道我知道（以此類推）駱駝說的是實話，即我們兩人無論是誰都無法推斷出誰的牌面較小。這表示我們共同排除了雙方拿到一的可能性，但能表示我們共同排除了二、三、四、五嗎？我們都不知道對方以此方式排除了多少牌。數量根本不清楚。因此，我們都沒理由被誤導進行這個矛盾的推理，逐一去排除紙牌。

❄ ❄ ❄

「來吧，」駱駝說，「我們玩點兒別的。我給你們發了一張牌，牌面朝下，是從一到一百的牌裡抽出來的。這是我所能發給你們的最小的牌，而且你們絕對無法推斷它是哪一張牌——當然，不能偷看。」

駱駝到底哪裡來的自信？我們總有法子的。牠不可能發給我們一，因為那肯定是最小的牌。一不可能是牠發給我們的最小牌，因為那樣一來我們肯定會猜到。我們猜最小牌一定是二，而正當我們打算說出「二」時，我們頓住了。這不就代表我們知道二是最小牌了嗎？所以二也排除掉了。

我們不安了起來。我們知道，這麼一來，最後所有的牌都會被排除掉。沒有任何一個答案可以滿足條件。只要我們一推斷某張牌最小，那張牌即刻被排除，因為那代表我們知道是那張牌，或者好像知道。

駱駝看出我們的焦慮，露出微笑。牠冷靜地把牌翻面，是一。

「可是我們剛才有想到是它……」我們講得結結巴巴。

「所以，你們就把它排除了。」駱駝幫我們把話說完。

剎時有如當頭棒喝。駱駝所能發給我們的最小牌是一，而且我們知道這一點。但我們卻聽了牠的主張，說我們不可能知道最小的牌是多少，因而把一排除。當我們排除了一，它又回到可能的行列。一旦我們發現最小又可能是一，我們會再次把它排除。我們一開始就該打住，堅持那張牌是一，證明駱駝說我們不可能推理根本是誤導。我是說，我們本來可以證明的，除非牠早就料到這一點，於是發給我們二。倘若如此，我們也會設想到這個部分。

所以說，把我們搞得暈頭轉向的，是我們被告知的事情。因為，藉由排除它們，我們必須再把它們放回選項，然後再排除它們，如此繼續下去。

迷思6．謙虛的老鼠，比傲慢的貓還傲慢？

迷思23．哲學家嘴角上的奶油。

迷思27．瞪羚、樹懶和雞賽跑，贏的一定是哺乳類？

迷思 13 ——駱駝老千。

迷思14 灌輸和教育的差異是？

現在有一個小挑戰，請試著做到下列建議：

請打從心底相信，英國的首都是北京，二加二等於五，以虐待兒童為樂是可以的。請打從心底相信，鉅（一種化學元素）的原子序是六十一。

為了讓本文能繼續，希望你沒能相信前三件事。除非你本來就熟知化學元素表，或相信本書是這方面的專業，否則的話，也希望你不要相信最後一件事。重點在於，人無法簡單產生一個信念，人不是想相信什麼，就能相信什麼。信念藉由外在世界而啟動，通常是多年的學校教育累積而成。現在，我們概略設想三種學校教育。為了不失焦，這裡會表現得比較顯著、極端一些。

有一所奉行基要主義*的基督教學校教導學生，《聖經》描述真理，包含世界如何創造、人應如何生活、上帝如何評斷人的行為並賜我們永生。一旦學生質疑這些主張，老師們便援引某個史實，以證明《聖經》的正確性，再拿出教會作為權威，並告訴他們人需要信仰。

有一所科學學校教導演化論，主張宗教經文不能作為科學事實的依據。如果學生質疑，老師就拿某個化石和基因證據給他們看，或者節錄達爾文的書給他們看，再不然就搬出哪個知名科學家以示威信。科學調查乃是最高權威。

有一所納粹學校曾經強制將猶太學生與德國學生分開來坐。如果學生質疑，老師就告訴學生說，因為德國人體內流的血液比較優越。老師還講述著德國的璀璨榮光，說德國擴張領土、占領波蘭和俄國都是命運。元首（指希特勒）最清楚了，相信他準沒錯。

大部分人會認為，納粹學校根本是在灌輸思想。少數人會認為，基督教學校有某種程度在灌輸思想。或有人認為，這兩所學校和科學學校形成對比。但也有些人認為，在灌輸思想方面，科學派的教導並不比基要派來得少。三所學校採用的教科書都通過審核，老師持有各自觀點，偶而還得宣導國家方針。學生們對於這些教導往往欣然接受——納粹德國很多人便是如此。

長大成人以後，我們的信念仍不免受到各種權威操弄，或者應該說「哄騙」吧。女人花大錢購買號稱可以回春的神奇乳霜，保養品公司老闆搓著雙手、樂不可支，大讚廣告宣傳成功。政治人物透過媒體播放自己的故事，以致支持率節節高升，他們也會大肆吹噓（當然是對著自己說）自己那張嘴真是舌粲蓮花。

除了上述構成信念的方式——以帶有灌輸的方式——其實還有很多公然灌輸、洗腦的例子中，受害者的心防徹底被瓦解。他們發現，不管人家告訴他們什麼，他們好像就這麼接受並相信了。從北韓和蘇聯監獄中逃出的倖存者，以及其他人，都告訴我們有這樣的情形發生。

那麼，我們到底該如何認識這個世界？

＊譯注：基要主義，原文為 Fundamentalist，或稱基本教義主義、原教旨主義，是指回歸到傳統、原初的根本教條，並且嚴格遵守。最初源於基督教，而後應用到其他宗教如伊斯蘭教。

教育與灌輸的差別在哪裡？

差別不在於內容。我們被灌輸的可以是真理，也可以是錯誤的觀念。差別也不在於意圖，無論是灌輸者或教育者，都可能立意良善，想要給接收者最好的，讓他們獲得覺知的真理，豐富此生甚至來生。

有人認為，「嚴格來講」，灌輸涉及強迫。接收者的心理狀態是由某種外在因素所致，或是被毒品控制或遭受凌虐。學校是程度較弱的灌輸環境，導致思想灌輸的原因也許是老師的個人魅力，也許是限制閱讀或複誦咒文。

當我們說，差別在於，灌輸的信念是**被造成的**，這樣的說法也需要懷疑。以某種角度來看，我們大部分的信念的確是被迫造成的——被經驗所迫。你一轉頭，看到火車朝你駛來，於是你相信它真的朝你這裡駛來，最好快閃。這信念是基於你所看到的事實，甚至是有人強迫你轉頭看，朝你發出警告。這些原因，即便是公然強迫，都能帶來好的結果，讓我們獲得真實的信念。然而，某些原因可能反而造就錯誤的信念。思考下面的故事。

我跟朋友說，查爾斯王子決定放棄繼承王位，現在住在一個帳篷裡。朋友們先是一臉狐疑，後來搞懂了。「你說的是愚人節那篇假報導吧，你還當真啊。喂，你那天喝醉了好不好。」現在我知道那則報導的來源了，如果我仍堅持這個信念，那就是不理性了。

決定我該不該堅守信念的是證據，包括這些證據如何出現都需一併考量。現在，讓我們利用這個思維，回頭思考灌輸與教育的差別。

無論是否由灌輸所致，無論是否透過毒品、《聖經》、《科學美國人》（*Scientific American*）雜誌進行公然強迫，或是透過直接體驗世界，人最終產生的心理狀態——他們如何「從內心」感受，即現象學——可能是一樣的。此外，經由灌輸而產生信念，跟透過一般方式產生信念的人，「從外表」看起來也可能一樣。意即，他們的行為是相同的。然而，兩者潛在的行為卻有一個很大差異：當證據與信念衝突時，兩者的回應不同。

灌輸彷彿替一個人繫上安全帶，使之免於相反證據的衝擊。教育則鼓勵一個人對證據持開放態度。無論是政治、商業、宗教領域的思想灌輸——無論是頌揚祖國、西方尊崇自由企業、小孩子就該擁有一台 PlayStation、或將《古蘭經》詮釋為支持石刑——結果來看，就是阻擋任何質疑、批判，以及深入調查。

被灌輸思想的人，對信念唯有聽從、無法質疑；任何疑問都會被硬拗、澄清，或乾脆直接無視。甚至在某些領域、某種程度上，我們珍惜這種看不清事實的態度：你瞧，愛是多麼令人盲目，而且多麼美好啊。然而，要在這個世界上走跳——我是說，要在這個世界上成長茁壯——我們就必須回應這個世界，回應證據，回應改變。灌輸發展到極致就是拒絕回應，而教育則是欣然回應。這是為什麼我們應該選擇教育，而非灌輸。

❄ ❄ ❄

灌輸有程度之別。宗教通常保留批判空間，但僅限於某些範圍。比方說，談論到某些主題，教宗的話被視為絕對正確。報紙願意接受反面意見，但上面的新聞報導還是具有一定的政治傾向。

一旦灌輸走向極端，我們可能要懷疑，這些灌輸的「信念」到底還算不算信念。假如你信了一件事，你就相信它是真實的——就算可能是假的。由於信念旨在追求真理，欲成為真實的信念，就必須對證據有所反應、隨證據而修正。然而，即便對證據採取開放態度，傾聽反面觀點並不代表所有觀點都值得尊重。

絕對不是所有觀點都值得尊重。有些觀點本身就是錯的，有些觀點則是太恐怖了，道德上不允許。然而，誠如彌爾（John Stuart Mill）主張的自由主義（liberalism），這些觀點公開總比沉默好。這些觀點可以刺激我們去找到真理、堅定信念。只不過悲哀的是，我們未必能做得到。

- 迷思4．被奶油麵包擊潰的意志力。
- 迷思9．民主是艘船，需要個好船長。
- 迷思18．因為小熊是粉紅色，所以青蛙是綠色？
- 迷思19．草泥馬也會談戀愛？

迷思15——小丑的宴會。

小丑們不開心。每次他們在各大宮廷宴會表演，總是全心全意開玩笑、出糗逗樂大家。可在他們負責表演的宴會，從未被邀請一同用餐享樂。小丑的鈴鐺叮鈴噹啷響，反抗的氣息在空氣中醞釀。但他們終究沒有在宴會上抗議，而是決定辦一場屬於自己的宴會：小丑之宴。說得更精確一點，這場宴會是為了所有在自己負責的宴會中不得享樂的小丑而舉辦，且只為了他們而舉辦。為了獲得參加的資格，你必須是一個小丑，同時不得在自己負責表演的宴會中與賓客一同享樂。符合上述充分條件，就可以參加小丑之宴。

小丑之宴將比照宮廷規模盛大舉辦，大啖鮮美的天鵝肉，聆聽歌手美妙的歌聲，小酌一杯香檳。宴會事先做好安排，一切照計畫進行。有一天，小丑們的滑稽腦袋裡閃過一個念頭：「我們必須請一個小丑在宴會上說笑逗樂。畢竟，我們不想自己討自己開心啊，那樣子就是在工作了。」這個想法好啊，眾人一致同意。而且，就這麼剛好，宮廷裡來了個想當小丑的年輕小夥子。「從現在起，你就是我們的滑稽小夥子了！」

一切進行得相當順利，順利得不得了——直到今天，也就是宴會當日，大家齊聚這場華麗的小丑之宴，聽著歌手唱歌，享用美酒與佳餚。當然，他們每個人都板著臉孔，深怕一個不小心，自己就成了小丑。而我們的滑稽小夥子認真搞了幾個惡作劇，再來上幾則笑話，給大夥兒打諢逗樂著。

「小夥子，過來一起享樂吧。」眾小丑們呼喊著——只有滑稽老頑固沒有附和，他是現場表情最嚴肅的小丑。

「我們的宴會只有無法在自己表演的宴會上一同享樂的小丑可以加入，」老頑固語氣堅決地說，「所以，小夥子，抱歉了，你不能加入。」

「哎喲，他能啦。」其他人喊道。「不，他不能。」老頑固回答。一旁的小夥子完全搞不清楚狀況。

「能」和「不能」的聲音此起彼落，喊著喊著大夥兒竟開始吵架，一發不可收拾，眼見就要打起來了。我們還是趕緊開溜，免遭池魚之殃。這會兒就來思考謎題吧。

滑稽小夥子有資格加入宴會嗎？

小丑被請來宴會上表演，但不能一同享樂和用餐，這沒什麼好矛盾的。小丑感到沒人疼愛，甚至忿忿不平，於是替自己安排了一場如上的宴會，這也沒什麼好奇怪的。但是，小丑們又雇了一個小丑來替他們表演，問題就來了。

如果雇請滑稽小夥子的人不准他一同用餐，由於這場宴會是專為替這種頑固之人工作的小丑所辦，那麼他就可以加入。然而，如果他可以加入宴會，這場宴會又是專為無法加入自己負責表演的宴會的小丑所辦，他又沒資格加入了。

總言之，根據這場宴會的規則，滑稽小夥子唯有於不符合資格的情況下，才能符合資格。這是矛盾的啊。一般說來，邏輯學家會主張這場宴會無法成立，因為它的規則存在矛盾。為了保守起見，我們不要這麼快下定論。

毫無疑問，立下這種矛盾規則的組織在現實生活還真的不少，包括機關團體、宴會俱樂部、公司行號、法規章程等，其規則無法一貫適用於所有可能的情況。由於會顯現矛盾的情況一直沒有發生，便沒人注意到原來規則有問題。回到討論，假如小丑之宴的存廢，仰賴於規則必須涵蓋所有**可能**加入的人，決定他們是否有資格，且不得矛盾，那麼小丑之宴的確無法成立。對於任何一位可能加入的小丑，規則未能給出前後一致的描述。我們已經發現一個實例，只要實際安排一個小丑替他們表演，也就是我們的滑稽小夥子，馬上就會露餡兒。

事實上，一個宴會、機構、俱樂部之所以存在，並不取決於其規則絕無矛盾。美酒佳餚就是小丑之宴存在的證據。同樣道理，許多人持有矛盾的信念而不自知，人生還不是這麼一路過來了，沒被這些矛盾打敗。甚至於說，本書有可能（真假!?）包含這種奇怪的矛盾，也許還不少，但本書還是存在了。小丑之宴是存在的，只不過，假如其規則是要滿足所有可能情況，給出一個是非黑白的答案，是自相矛盾的。

❄　❄　❄

小丑的故事是個引子，真正要討論的，是羅素提出的一個重要悖論，討論關於類（class）——現稱為集合（set）的問題。類和集合是抽象的實體，不若宴會和小丑是具體的。

你是一個人，所以歸入人類這個集合。該集合本身不是人類：它既無血肉之軀，也不是所有人類放在一起的肉體組合。它是一個抽象概念，如同數字和正義的概念。我們可以看到並吃掉三顆蘋果，但是看不到也吃不了數字三。

一個物件是否屬於人類這個集合，端看其是否擁有人類的特徵。鋼琴家、哲學家和公主是人類，鋼琴、孔雀和豪豬不是。所有哲學家的集合又可歸入人類這個集合，因此我們說，哲學家集合是人類集合的「子集」。

當然，哲學家這個集合本身不是一個哲學家，集合不可能進行哲學思考，所以它不屬於自己這個集合。鋼琴的集合本身也不是一座鋼琴，所以它不屬於自己的集合。許多集合都不屬於自己這個集合。

既然有那種不屬於自己的集合，就可能有那種屬於自己的集合，事實上還真的有。例如，不吃豬肉者的集合，包含一部分人、一部分動物，還有蕪菁、樹木、糖蜜，還有它本身。不吃豬肉者集合本身也是不吃豬肉者，所以不吃豬肉者集合就包含它自己。假如集合是個容器，我們就要懷疑，一個集合有可能是它自己的一員嗎？一個容器怎麼能裝入它自己？不過話說回來，集合並不是容器。

該是給羅素一點顏色瞧瞧的時候了。這位二十世紀初葉的偉大人物，是劍橋大學的哲學家暨邏輯學家，也是一位政治活動家。各位還記得嗎？我在本書〈序言〉中提到過他。

羅素提出了一個集合，以下稱為羅素集合。欲成為羅素集合的一員，必須是不屬於自己集合的集合。羅素集合包含了讀者集合、貝蕾帽集合、吸大麻者集合，因為這些集合本身不是讀者，也不是貝蕾帽，也不吸大麻。羅素集合不包含不吃豬肉者集合，因為該集合本身屬於自己的一員。現在，我們碰上這個搞笑又頭痛的問題了：羅素集合屬於自己的集合嗎？

假設羅素集合屬於自己這個集合，而這個集合的成員不能屬於自己的集合，於是它就不是自己的一員。假設羅素集合不屬於自己這個集合，那麼它就符合資格，是「不屬於自己集合的集合」，於是又屬於自己的集合。矛盾點就在於，它不屬於自己的集合，若且唯若（if and only if）它屬於自己的集合。

羅素集合走向了悖論，小丑之宴也是。在小丑之宴的例子當中，我們了解到這場宴會即使在規則矛盾的情況下仍然存在；再怎麼樣，宴會辦得熱熱鬧鬧是事實。相反地，儘管規則矛盾，我們找不出理由說明羅素集合可以存在。唯有設下條件，決定可加入的成員，才有可能構成一個集合。條件矛盾等於無效。假如你聽到一個矛盾的指令：「現在，請關燈並且不關燈。」你根本什麼也不能做，沒有遵守的可能性，你只會滿腦子疑惑。同樣道理，羅素集合的條件是無法構成一個集合的。

羅素的矛盾點在於「不屬於自己這個集合」。這個要求沒什麼問題，簡單易懂（看上面的例子就知道），從數學角度來看，它也能提供正確且令人滿意的結果。所以，長久以來的問題便是：如何操作這個條件——如何合理地加以限制——才不會走向悖論。

❄　❄　❄

在羅素眼裡，數學應具有永恆的真和至高的美，「一種冷峻而嚴厲的美，宛若一尊雕像」。因此，羅素發現了他的悖論之後感到相當不安，因為這個悖論所帶來的，只是一盤流沙中微微可踏腳的一個點。

迷思13．駱駝老千。
迷思29．全知的上帝到底知多少？
迷思31．無限大到底是多大？有比無限大更大的嗎？

迷思16 走在街上避開乞丐，為什麼要良心不安？

你知道，事情是這樣子的：你走在路上，突然瞥見前方有個流浪漢，就坐在幾公尺遠的人行道上。你不由自主加快腳步，想要確保當你靠近的時候，有其他人剛好隔在你和這位窮途潦倒的「別人」中間。或者，你正急著過馬路，是真的沒時間瞧他一眼。搞不好他是個騙子，天色一暗就起身大吃大喝去了。你知道的，這種故事層出不窮。又或者，他私下可能是什麼藥頭的，靠那個在賺錢。無論哪一種情況，你心想，國家會照顧他的。於是假裝沒看到，就這樣走過。走著走著，你內心不安了起來。

或者，事情並不是這個樣子……

你伸手摸摸口袋裡的零錢，幾枚硬幣就好，不能太多也不能太少，但是多少才是剛好？遞給他的時候，你刻意把目光瞥向一旁——沒辦法，這很尷尬——讓零錢滑落到那雙髒兮兮的手上。你終於鬆了一口氣，還好手沒碰到——也許有碰到。好吧，還是拿出乾洗手，當然是走遠一點到沒人看見的地方才拿出來用。

至少你做了些什麼。

至少你沒被吝嗇的本性吞沒。甚至你還很高興自己這麼做了。可是，給的錢會不會太少？還是太多？你是不是以優越者的姿態過去賞錢？於是，你繼續往前走，內心有點惶惶不安。

➤

流浪漢常讓我們感覺不自在。剛剛上面兩種假設結果，我可能敘述太多微妙的感受。不過，萬一我們真的碰上了這個狀況，到底該怎麼做？假如我們沒有認知到，困苦與極端財富不均是令人不舒服的事，或許就不會出現這個左右為難的場面？當然，我們大可以把問題提升到國家層面，要國家透過社會結構和非人身稅制來解決問題。我們也會思考，這些流浪漢落魄到這步田地，或許是他們自己造成。他們到底是真命苦，還是自己的選擇導致淪落至此？假如是他們自己的問題，那又關我們什麼事？為了討論問題，且讓我們先假設這名流浪漢是真的命苦。

「要有充分理由」才施捨流浪漢，錯了嗎？

「施捨對於接受者是種傷害。」有錢人常說，那些乞討的人是在自取其辱。國家（有的話）應該顧好這些人。如果我們心軟跑去施捨，就等於是羞辱他們。所以不施捨是比較好的做法，如果能立法禁止行乞就更好了。然而，這兩種做法真的有比較好嗎？

真正的行善是施予但不求回報。並不是因為流浪漢**不會回報**你。畢竟，你送禮物給朋友，他們也只會說一聲「謝謝」，但至少朋友是**可以回報**你的。這裡所說的回報，不一定是金錢上的等值報答，可以是相對的關心和照顧。也不能說金錢價值無關緊要；如果收禮物的人不可能給予等值回報，那麼贈送特別昂貴的禮物可能會令人為難，甚至感覺被羞辱。而真正的流浪漢則是根本**無力回報**。

為了解決回報的問題，有的流浪漢會提供物品作為交換，這又引發了價值的問題。一方面，假如這些東西既沒價值，你也不需要，那麼把捐贈包裝成買東西就很虛偽：這種偽裝只會顯得不尊重流浪漢。另一方面，假如這些東西很有價值，你也需要，那麼我們就不是在做善事了。我們可買可不買，完全不需要內疚。有些非受雇性質、靠業績抽成的銷售人員，會遇到一種顧客是看他可憐才跟他買。此時，銷售人員可能會有被羞辱的感覺。反之，如果他們是故意利用消費者的同情來牟利，就換成消費者被羞辱，差別在於知情或不知情而已。

這裡舉一個關於羞辱的痛苦實例。有一位年輕人扮成埃及法老圖坦卡門，站在博物館門口。他全身包得金光閃閃，戴著古埃及的面具，一動也不動地站在那裡，地上還擺了個缽。來參觀博物館的人都會投錢到缽裡。每當有人投錢，他就會復活並鞠躬致意。人們（尤其是小孩）見狀會再丟錢，看他一次又一次鞠躬，你可能會聯想到一條狗，每口飯都要用討的。他表達他的感激和卑賤，跟乞丐無異。

在圖坦卡門的例子中，民眾丟錢也有可能是因為他的演出很精采。所以，我們再舉一個真正乞討的例子。在巴黎地鐵上，有名男子雙膝跪地，開始乞討。他用膝蓋沿著一節節車廂爬行，一看就是在自取其辱和自我貶低。人與人之間的關係不應該是這樣的。但是，假如這個人做出乞討的樣子，其實是某種表演，為了要諷刺社會現象，那就變成是乘客被耍了。現在想像，你在車廂內看到這名男子，不管他是真乞討還是在諷刺社會現象，感受一下那種不舒服。

然而，未必要把乞討看作是誰在羞辱誰。現在我們讓地鐵男子站起來，不要跪著。這時候，他和你我同樣都是人類，只不過運氣背了點。是的，環境可能逼得他不得不低頭，但是施與受的雙方都可以看到彼此共同的人性。這種共同感未必會帶來羞辱，而是同情和慷慨。的確，他是需要幫助，但是不必把大聲求助看作是一種羞辱。何況從理性來看，求救總比餓死好。如同一位猶太拉比*所言：「窮人來敲門，上帝與之同在。」無神論者可以把「上帝」改成「共同人性」，意義是一樣的。

❄ ❄ ❄

上述討論絕不是在鼓勵乞討。哪些流浪漢容易引人注意、哪些真正需要幫助、又有哪些最值得幫助，這可能全憑運氣。我們十分相信，若能由政府當局來救濟這些孤苦無依的人，也許成功率更高。許多人對待流浪漢的方式，彷彿他們很噁心、活該被譴責——許多流浪漢是真的很可憐、窮到不行，有些具有攻擊性，有些精神狀況有問題——大部分流浪漢的現狀，與地鐵男子的處境可說是大相逕庭，地鐵男子還有人鼓勵他站起來，享受光彩奪目的共同人性。然而，說了這麼多，就算有造成羞辱的風險，我們還是應該幫助有需要的人。

* 譯注：拉比，原文為rabbi，是猶太智者、導師的稱呼。

如果我們將造成羞辱感的來源擴大，就會探討到人類在何種狀況會失去尊嚴。我們會老會病，無法獨立生活，很可能有那麼一天，我們連自理的能力都要失去。到了那時，我們也和這些流浪漢一樣需要求助於人。而到了那個時候，為了不至於尋求慈善救濟或被人羞辱，我們開始談論人類應該擁有——權，然後在空格內填入基本用品，包括從飲食、教育、照護到其他社會福利。

當然了，有人會故意把羞辱強加於無辜受害者身上。曾經待過納粹集中營，經歷慘絕人寰遭遇的人，只能將施虐者看成毫無人性的禽獸，才能替自己保存那麼一點尊嚴。如果是被非人為的外力所傷害，好像就不如人為的來得悽慘。施虐者把受害者**當成**動物或東西對待，但是受害者必須是人，才稱得上羞辱。動物的世界裡沒有羞辱這回事，你也不可能羞辱一顆小卵石、一棵樹或一個機器人。

在馬路一角乞討的落魄人，自然應該被當人看。他們就是人。這不代表你需要害怕羞辱到他們而拒絕幫助。拒絕幫助也可能是一種羞辱。流浪漢存有人性，我們不該視而不見地走過去，或者說，至少我們不該走過去卻沒有半點在意，沒有半點認真思考。

流浪漢存有人性，所以我們不該用非黑即白的思維來看事情，如同前面的描述那樣，彷彿那些困境要麼是他們自找的，要麼不是；要麼他們是在提供有價商品和服務以換取金錢，要麼他們是假販售之名、行乞討之實。人是由個性、動機和命運（有好有壞）所組成的雜燴。因為這雜燴，有些人最後去行乞。因為這雜燴，我們在打發一個流浪漢之前，好歹要猶豫一會兒。因為這雜燴，我們不該當場打發流浪漢，或者以大部分的情況來說，我們不要假裝沒看到走過去。

迷思20・慈悲之於正義，到底是調和，還是干預？
迷思10・幸災樂禍不行嗎？
迷思3・小提琴家的性命在我手中？

迷思 17 —— 悲傷的究竟是你，還是音樂？

安妮一高興起來，總是眉開眼笑。她會踩著輕快的步伐走路，用輕鬆的語調說話，帶著陶醉的心情做飯，這是安妮表現開心的方式。開心的事情也許是完成一幅畫作、意外發現一張千元鈔票，或者聽到孫子成績又進步了。身為一個人，不是卵石也不是鳳梨，安妮有知覺，能夠體驗快樂與悲傷、憤怒與同情、恐懼和希望。她總是樂於表達她的感覺——她的情感、熱情和心情，她的愛、慾和人生。

音樂也能表達情感，然而音樂不是一個有知覺的存有。音樂是一系列有組織的聲音，通常是審慎思考後的創作，亦可能是海洋的怒吼聲、狂風的呼嘯聲、鳥的鳴叫聲。音樂本身無法體驗愉悅或痛苦、快樂或悲傷、愛或恐懼，但我們許多人總說，音樂能表達這類情感和心情，這挺矛盾的。隨著樂章開展，我們可能聽到自己內心的悲傷和渴望，於是我們就說音樂很悲傷。這到底是怎麼回事？

為了避免被分心，我們先不討論有歌詞的音樂，儘管有人可能認為，歌詞是賦予音樂意義的一個重要成分。當歌詞和旋律緊密交織，我們很難去體會純旋律表達了什麼（如果有的話）。所以，去找一首你認為情感特別豐沛的純演奏曲來聽，可以是古典樂、爵士樂或流行音樂。曲名可能會透露一點文字訊息，但請試著專注在樂曲上。這裡列舉幾個曲目，也許派得上用場：理查．史特勞斯的《變形》（*Metamorphosen*）、沃恩．威廉斯的《雲雀高飛》（*The Lark Ascending*）、喬治．蓋希文的《藍色狂想曲》（*Rhapsody in Blue*）、山塔那合唱團的《熱情森巴》（*Samba Pa Ti*）。

我們這裡不探討音樂分析。音樂的基本單位是樂句＊，運用特定樂器和音樂結構表現快樂、悲傷或其他情感。但這種音樂分析無法解決我們的哲學疑惑，即，樂句能藉此表現情感的背後原理是什麼？

此時有人會立刻回答，音樂是無法表達情感的。當你表達快樂或悲傷、希望或恐懼時，通常心中會有個造成該心理狀態的對象。你的母親終於找個有錢人嫁了，這是令你開心的原因。你的床邊有動靜，是一條蛇，這是令你恐懼的對象。然而，音樂沒有思想，它不能經驗對象，所以音樂怎麼可能有情感和感覺可表達呢？

這種簡單的反思提醒了我們，音樂的情感表達和安妮的情感表達，不能用同一種方式來理解。那樣說當然沒錯。但是，在我們做出音樂無法表達情感的結論之前，最好能夠換個方式來理解，或許有機會解開謎題。別忘了，大多數人都在談論音樂能表現情感、令人感動，沒人認為這樣有何不妥。如果太快下結論說，大家都搞錯了，然後就結束謎題去喝一杯，未免太弔詭。這樣子打發問題太草率了。

音樂怎麼可以是快樂、悲傷、憤怒或平靜的？

用來形容人的詞彙也可以用在音樂上，有趣的是，也可以形容虛構人物。我們會用「快樂」、「悲傷」、「沮喪」、「憤怒」等字眼形容人、某些動物，以及音樂。當然，有些人會堅稱，這些詞彙用在音樂身上的意義與平常是不同的，只是比喻而已。然而，用這些詞彙來形容音樂卻一點也不違合，這究竟是為什麼？我們形容一個樂句很「悲傷」，並不是隨便亂說的。人類所表達出來的悲傷，與樂句所表現出來的悲傷，似乎存在相似之處。

＊譯注：樂句，phrase，由幾個小節的旋律、節奏組成，表現某種音樂氛圍。幾個樂句構成樂段，再由樂段構成樂章。

關鍵在於這個「相似之處」。然而我們需要先分清楚，「有關聯」跟「有相似處」是不同的。我們也要進一步釐清，是哪些特徵相似？手帕上打了結，提醒你今天要去購物*，可是這個結既沒有表達你要買的東西，長得跟那些東西也不像。音樂正好相反。當某首音樂令我們悲傷——它喚起你悲傷的感覺——我們卻可能說悲傷是因為音樂的關係。也許，音樂所表達的情感，就是它所「喚起」的情感。

不過，這個「喚起」說法肯定不對。就算我們沒有經驗到悲傷在自己心中被喚起，也可以認出一些音樂是在表達悲傷。一個內心悲傷的小丑還是可以讓我們開懷大笑，而不會讓我們悲傷。再看一些相反的情況。一道邏輯問題可能令人沮喪，但它本身不會感到沮喪。渲染力強的音樂，和它所喚起的情感之間，若存在關聯，「喚起」理論可能應該反過來解釋。並不是因為音樂喚起你心中的悲傷，所以你才說這音樂很悲傷，而是因為這音樂很悲傷，所以才喚起悲傷的感覺。比方有人說，是你流露出恐懼，獅子才會緊盯著你瞧。但這種說法是也是不對的。應該是你看到獅子一直流口水，甚至連餐巾紙都準備好了，所以你才害怕。

我們一直在尋找音樂和情感之間的連結。這種喚起論將音樂與聽者的情感連結起來，但如同前面所述，聽者可以聽到音樂中的悲傷，自己卻不見得要悲傷起來。

有人會說，音樂之所以表達出情感，是由於作曲家在創作時注入了情感。但是天曉得作曲家急匆匆完成作品時，心裡是什麼感覺？而且作曲家不需要很歡樂，也可以寫出歡樂的曲子。

如果要說音樂很快樂或悲傷、憤怒或嚴肅，那麼，音樂與情感之間，就必須存在相似處——這一點必須重申——也就是，必須要有個東西將音樂連結到這個情感。且讓我們再次嘗試找到這個連結。

巴吉度獵犬下垂的臉是一個經典範例，牠們看起來總是一臉愁容。你仰望天空雲朵，有時會看到一張好似有威脅的臉。顯然雲朵不可能經驗威脅這種行為，巴吉度獵犬更是一點也不憂愁。然而，我們不是一時心血來潮才這麼形容，也不是無端把情感投射到它們身上。巴吉度的臉部特徵很像人類悲傷時的臉部特徵。同理，我們可以說，悲傷的音樂之所以悲傷，是因為它的一些特徵讓我們聯想到人的悲傷。很顯然，音樂不會「看起來」很悲傷，但是音樂流動的方式和聲音起伏，和悲傷的人行動的步調和起伏可能很相似。這是一種說法。

＊譯注：過去人們用來提醒自己重要事項的方式。前一晚在手帕的一角打個結，隔天拿起來擦臉或擦手的時候，就會想起有重要的事要去做。

❄ ❄ ❄

音樂是個特別且強烈的案例，可以反映人類生活兩個謎樣的特徵。

首先，我們會用同一個詞彙來描述完全不同的事物，結果便導致我們覺得這些事物之間必然有相似之處。我不是在說一字多義的情況，如bank可指「河岸」和「銀行」，entrance可指「入口」和「著迷」。回到這裡，當我們用同一個詞彙描述不同物體時，這些物體似乎因此就產生了一種相似之處。我們說聲音很「低」，可是這和一座橋很低有相似嗎？我們聆聽沃恩．威廉斯的《雲雀高飛》，想像一隻雲雀遨翔天際。可是，小提琴的「高」音，和雲雀的「高」飛之間，又有什麼相似之處？

再者，即便我們知道悲傷的音樂本身並不悲傷，我們聆聽悲傷音樂時體驗到的情緒，卻可能和聆聽一位悲傷朋友說話是一樣的。仔細想想，我們在其他生活層面也有同樣的經驗。只不過看巴吉度的臉垂垂，我們就替牠好難過，明知道這種感覺很蠢。我們看小說，情緒跟著虛構人物起伏，明知道他們根本不存在。只要想像心愛的人發生慘難，我們的心就揪起來，明知道只是想像、並不會發生。

人類找出相似處的能力以及被外表所感動的能力，還真是個謎——或許人類本來就是這樣。我們能夠體驗音樂的情感表達，也是個謎——或許事情本來就是這樣。

有些音樂很深沉，但有如海洋般深邃嗎？有些音樂很輕快、很明朗，但有如羽毛般輕盈、白晝般明亮嗎？有些音樂很悲傷，但有如人一樣悲傷嗎？無論音樂能表達情感到什麼程度，我們從音樂當中得到的意義肯定是無法表達的——除非用音樂表達。

迷思30・一大朵哲學疑雲，凝結成一滴文法問題。

迷思33・外面世界與我們內心的野蠻人。

迷思19・草泥馬也會談戀愛？

迷思18
因為小熊是粉紅色，所以青蛙是綠色？

蘇菲和蘇西望向小屋窗外，頓時被陰鬱、悲慘、絕望的情緒籠罩。窗外大雨如注、寒風呼嘯。今天是學校指派田野調查的第一天，他們本該去戶外活動，早早起床，穿上醜醜的雨衣雨鞋，在沼澤地裡跋涉穿梭。為什麼呢？為了替一個青蛙假說蒐集證據，證明（或駁斥）所有的青蛙都是綠色的。

「誰在乎青蛙是什麼顏色？」蘇菲嘀咕著。

「我敢說老師早就知道答案。」蘇西補上一句。

「這完全沒意義，就是想整我們嘛。」兩人齊聲哀嘆，垂頭喪氣地對望著。

突然間，蘇菲靈光一閃，臉上泛起一抹微笑：「欸，蘇西，你記不記得前幾個星期我們上過的邏輯學？」

不提還好，一想起邏輯學，簡直是另一種折磨，蘇西哀嘆：「喔！別跟我提邏輯學，那些『A』啊『B』的，還有『如果這樣，就會那樣』，還有『由這個可得那個，由那個可得這個』……」

「真抱歉，蘇西，我盡量不要扯到那些A啊B的。不過這個問題真的值得思考。你想想，假設所有青蛙都是綠色的。」

「又來了，」蘇西說，「假設這個，假設那個。好吧，我就假設看看吧。」

「你想，假設所有青蛙都是綠色的，必可得出，若我們看到一個東西不是綠色，它就不是青蛙。」

「這我也知道好嗎，但那又如何？」

「我還可以補充說，假設所有非綠色的東西都不是青蛙，必可得出所有的青蛙都是綠色的。於是，我們看到的所有青蛙必須都是綠色。」

蘇西又是一陣痛苦呻吟，但是蘇菲沒打算閉嘴：「你瞧，說所有的青蛙都是綠色的，就等於說所有非綠色的東西都不是青蛙。」

「是，是，」蘇西打了個呵欠，「你說的倒有趣。我看我們還是趕快起床，穿上恐怖的橡膠雨鞋，面對那可怕的大雨吧。」

「蘇西，你沒聽懂嗎？我們根本不用離開這張床和溫暖的小屋。在這個屋子裡，有好多東西可以支持『所有非綠色的東西都不是青蛙』的假說，這就表示，這些東西也可以支持『所有青蛙都是綠色』的假說。這兩個假說根本是同一回事。我們不需要起床就可以進行動物調查了。」

於是，蘇菲開始在她的筆記本上，把眼前所能看到支持「所有青蛙都是綠色」的證據逐一寫下：

一隻泰迪熊（非青蛙）：粉紅色（非綠色）

兩個枕頭（非青蛙）：紫色（非綠色）

……以此類推。

蘇西這下明白了，開始在她自己的簿子上條列。「我寫我的，才不會被說是作弊。」她咯咯笑著說。

衣櫃／咖啡色。貓／黑色。燈罩／紫色。老鼠／灰色。

「老鼠？」兩個女生放聲尖叫——這故事就先甭提了。

❄　❄　❄

粉紅色泰迪熊如何能作為「所有青蛙都是綠的」的證據？

我先提供一點背景知識：這裡採用的原理，是「歸納推理」。過去出現的規律性，經常導致我們期待這些規律性會延續到未來。當我們察覺規律性，代表我們看到某些相似性，同時忽略各種差異性。我們也會考慮規律性出現的情境。不能因為我們認識的人都住在歐洲，就得出所有人都住歐洲的結論。假如我們從不去看歐洲以外的事物，我們接觸到的就是有偏差的樣本。

歸納推理要非常小心謹慎。然而，再怎麼謹慎，就邏輯上也不能保證現在覺察到的規律性會延續到未來。儘管如此，有的科學家和邏輯學家，以及我們的常識，都認為過去出現的某些規律性可以構成**部分**證據，甚至是很好的證據，支持這些規律性的延續。假如你在不同環境中看過好多次青蛙，每隻都是綠色的，你就有部分證據可以支持「所有青蛙都是綠色的」這個普遍通則。你所看到的青蛙實例「支持」這個通則，即使只是很小程度的支持。

由於我們假設實例足以建立通則，於是悖論出現了：亨佩爾的確證悖論（Hempel's paradox of confirmation）。因此，「不是青蛙的非綠色物體」的實例，如粉紅色泰迪熊、紫色枕頭或黑貓，支持了「所有非綠色物體都不是青蛙」這個通則。而這個通則似乎也等於「所有青蛙都是綠色」的通則。因此，找到一隻粉紅色泰迪熊就跟找到一隻綠色青蛙一樣，可以作為支持「所有青蛙都是綠色」的證據。然而，這是非常矛盾的。

我們要如何解開這個悖論？還是乾脆就接受這個結論？對於「所有青蛙都是綠色的」等同於「所有非綠色物體都不是青蛙」，後者是前者的「逆否命題」*，這個答案我們滿意嗎？當我們在讀這兩個句子的時候，關注的是不同的焦點，前者是青蛙，後者是非綠色物體。但是稍加思考以後，我們大概會同意，這兩個句子講的是同一件事。因此，能作為其中一個命題的證據，便也能作為另一個命題的證據。

誠如前面所說，這個悖論是假設一個通則可以某種程度被實例所支持，從而成立。這個說法貌似非常有理。不然的話，我們又當如何相信這本書是可燃物、你的手不會變成

＊譯注：當原命題為「若P則Q」，其逆否命題即為「若非Q則非P」，邏輯上兩者的真假值永遠相同。

銅、你的頭不會明天就變成一顆黃色氣球呢？

要不我們乾脆接受這個矛盾結論算了。粉紅色泰迪熊、紫色枕頭和黑貓，都支持了「所有青蛙都是綠色的」通則。還是說，我們還能找出哪些理由駁斥這個結論呢？

❄ ❄ ❄

理由可多了。我在這裡稍做說明。或許我們不該這麼輕易地談通則、假說或主張怎樣才會受到支持。或許我們該談的是，在怎樣的情況下，我們會去**相信**它們更可能為真。一旦進入「可能相信」的討論範疇，我們就需要先討論既存的信念和知識。

我們已知非綠色的非青蛙物體——包括前面所述的泰迪熊、枕頭、貓，以及數十億的昆蟲和數百萬兆的原子——數量遠超過青蛙。再來，我們同意青蛙在自然界裡自成一類，而泰迪熊、枕頭、貓則不是。再來，我們發現了一些非綠色的非青蛙物體，例如幾隻粉紅色泰迪熊，我們也可以因此而相信「所有青蛙都是黃色的」、「所有青蛙都是藍色的」，甚至於「所有青蛙都是駱馬」。因此，雖然「所有青蛙都是綠色的」等同於「所有非綠色物體都不是青蛙」，但這並不表示一隻泰迪熊和一隻青蛙對於「所有青蛙都是綠色的」之證成，可提供相同程度的證據。

當我們替一個被提出的通則尋找支持的證據時，應當如何著手？以本章的情況而言，發現幾隻綠色的青蛙會挺管用的。但是如果在對的情境下，發現一隻粉紅色泰迪熊也會有助於推理。

假設蘇菲和蘇西長途跋涉來到沼澤，那裡有好多隻青蛙，目前看到的每一隻都是綠色的。突然間，蘇菲發現某樣明顯不是綠色的東西在水面晃動：粉紅色的。此時，如果確認那個東西是一隻被丟棄的泰迪熊而不是青蛙，就會有助於推理。假如最後證實那是一隻泰迪熊，這就很重要了，因為如果不是泰迪熊，就很有可能是一隻粉紅色的青蛙，可作為推翻青蛙假說的證據。科學研究的目的，除了找到證據支持假說，也可以是推翻假說。

矛盾的是，符合某個通則的實例，有時候反而無法成為該通則成立的證據。假設現在的假說是「所有綠色青蛙都住在女王的莊園之外」。好了，我們在女王的莊園之外發現好多青蛙，確實每一隻都是綠色的。在更多資訊出現之前，這些青蛙也會同時支持「所有綠色青蛙同時住在女王莊園內」。青蛙可沒在尊重你的產權呢。

上述種種討論代表了什麼？只不過告訴我們，欲證明「**所有**都這樣」或「**所有**都那樣」並不是一件簡單事。然而矛盾的是，我們往往很輕易相信所有都是怎樣。

迷思27・瞪羚、樹懶和雞賽跑，贏的一定是哺乳類？

迷思14・灌輸和教育的差異是？

迷思2・原來是驢子啊，我還以為是山羊呢！

迷思19 草泥馬也會談戀愛？

容我為各位介紹兩個朋友：萊拉和路易斯。

萊拉與路易斯好比一對相思鳥，形影不離。一個走到哪裡，另一個必然相隨。我們早知道事情會變成這樣。萊拉見到路易斯的第一眼就被他煞到了。當時他剛從秘魯搭飛機過來，萊拉完全無法將目光從他身上移開。這也難怪，他既高大、自信，長得又帥。而路易斯也同樣盯著她瞧，這也可以理解，萊拉可是個大美人，頸部的線條優雅，一雙水汪汪的大眼和小巧玲瓏的耳朵。兩人一見鍾情，愛意從未消退。這麼多年過去，路易斯仍愛輕咬那小巧玲瓏的耳朵，萊拉也喜歡走在路易斯身邊，彷彿在欣賞他自信的步伐，水靈大眼中滿是愛慕之情。路易斯的男性友人總是周旋在哪個潘姆、琳恩或哈莉特之間，但是路易斯心中只有萊拉一人。

無論是好是壞，愛情就有這種魔力。而且，稍微變化一下詞藻，上面的故事原則上可以描述我們所知的任何一對情侶。人會墜入愛河（也許一見鍾情，也許日久生情），然後持續處於戀愛中，雖然說愛可能往許多方向發展。這裡的謎題是：假如萊拉和路易斯是兩隻駱馬或者其他動物，如羊駝、花豹、斑馬或田鼠，上面的故事還能夠成立嗎？

「田鼠？」你納悶。這裡提到田鼠，是因為就配對關係上，草原田鼠屬於終身一夫一妻制，雖然性關係上還是會出軌。一旦兩隻草原田鼠決定在一起，就會窩成一團、互相保護、長相廝守。這一點和牠們淫亂的花心大蘿蔔親戚草地田鼠大相逕庭，草地田鼠沒有固定伴侶這回事兒。田鼠的生活形態曝光後，引發媒體爭相報導，談論草原田鼠的愛是永恆不渝，而草地田鼠則是追求一夜情，辦完事就高喊「我很需要空間」。真的是截然不同。

我們沒有要仿效那些迎合大眾口味的媒體報導，我們沒有要說「墜入愛河」就得長相廝守。我們要專注於戀愛的定義，然後證得是不是只有人類才能戀愛。這裡的討論僅限於愛情或情慾，沒有要討論父母對子女之愛，或倡導人權者對人性之愛。

草泥馬……我是說駱馬會墜入愛河嗎？

好，駱馬或其他動物，確實有可能表現出類似人類墜入愛河或戀愛中的行為。這裡所謂的「可能」是指邏輯上的可能性：兩隻駱馬生活在一起。如同上面的故事，這肯定沒什麼不可能的。問題是，這真叫做「愛」嗎？

如果研究愛情背後的生物化學機制，人類戀愛也許只不過是動物配對的複雜版。科學家在動物和人身上發現了血管加壓素受體以及它們的神經分布。草原田鼠體內有大量這種受體分布在相關神經區域，草地田鼠的受體數量則少得可憐。對於草原田鼠而言，遇到某隻特定的草原伴侶時，大腦會把特定伴侶和獎勵連結在一起，結果牠們就離不開那個伴侶了。草原田鼠對牠們的伴侶「上癮」——我是說，「愛上」——然後忠貞不渝。那些草地田鼠自以為單身了不起，要是科學家把牠們體內的受體數增加，牠們也會跑去配對。

戀愛的確可以比作成癮，這是有生物化學根據的。你邂逅某人，喜歡他，想再見他一面。按照劇本發展，很快你就會渴望他的陪伴。這就跟古柯鹼一樣，吸一點點，就會渴望更多。一旦愛人跟別人跑了，你就會產生戒斷症，飽受折磨，跟戒毒一樣。

假如單純把愛理解為一種成癮行為，而成癮又可以透過生物化學來解釋，那麼駱馬當然可以墜入愛河並持續處於戀愛中。但從生化概念去理解，會讓我們看不到愛對於個人的意義。大腦的生化機制的確有助於解釋人為什麼會墜入愛河——就好比神話裡喝下愛情靈藥那樣——但生化機制沒有告訴我們到底什麼是愛情。知道水是由氫和氧所組成，並沒有告訴我們水為什麼濕濕的、為什麼能解渴，還有我們怎麼會在海裡游泳卻懼怕大雷雨。

假如路易斯愛萊拉，肯定會對她產生強烈的依附，無論他倆是駱馬、人類或草原田鼠都會是如此。然而，依附並不足以構成愛。你對車子、工作、威士忌都可能強烈依附，要說你愛上這些東西，也只是譬喻而已。愛的依附通常伴隨評價，認為對方非常重要，值得你為他付出關心。你可能重視你的車，但你不會從車的觀點去為它著想，為它做些什麼，因為它根本沒有觀點。你不可能為了它而行動。

好，駱馬當然是有觀點的。人類可能重視駱馬，特意為牠們做些對牠們好的事。駱馬路易斯也有可能做出這樣的舉動，以促進駱馬萊拉的利益。也許牠會稍微退開，讓萊拉可以吃到比較嫩的草；遇到危險時，也許牠會擋在中間護著。但是，這些行為可以證明牠重視萊拉，而且是「為了萊拉」而行動嗎？

駱馬沒有可以表示評價的語言，甚至駱馬可能根本沒有語言。有人可能會覺得，駱馬的行為足以表現出對應的重視和關心。如果駱馬路易斯做出如上所述的行為，就證明牠很重視駱馬萊拉。即便如此，我們還是會覺得牠的行為不足以構成愛。光從行為無法證明路易斯一定是為了萊拉而行動——特意為了利益萊拉而行動。

讓我們一併思考，愛情有什麼額外和相關的特徵。

例如，許多戀愛中的人都認為，愛情提升了生活品質。當然，這很有可能是搞錯了，因為愛情悲劇也是不少。一般來說，當兩人重視對方以及彼此的戀愛關係，而且會互相替對方著想時，這就是愛情了。若真陷入愛情，路易斯會為了萊拉本身的緣故而重視萊拉。如果隨後發現萊拉也同樣重視他，路易斯的情感依附就會加深。路易斯加深的愛意如果被萊拉察覺，雙方的情感依附就會進一步加深。

再說，會想要跟心愛的人在一起，不是沒有道理的。戀愛中的人可以解釋為何想跟心愛的人在一起。也許給的理由不對，也講不完整，但是他們不大可能堅持兩人相愛沒有任何理由。

駱馬和其他動物到底能不能墜入愛河並處於戀愛中呢？關於這道謎題，如同各位在前面所讀到的，歸結起來就是：我們是否能正確地在這些動物身上找到一系列與戀愛相關的心理狀態？包括意識到情感依附的理由、因為對方本身而重視對方、可能因而斷定生命因愛情變得美好。我們很難相信人類之外的動物能在適當的程度上，擁有評估的能力、因某種理由而行動的能力，以及為了利益他方而行動的能力。一旦愛的定義要求不僅是情感依附，還需要更深一層的心理狀態，我們就沒道理相信駱馬（或海豚或田鼠）會墜入愛河、處於戀愛中以及成為愛侶。

❄ ❄ ❄

我們經常把人的心理狀態投射到動物身上，甚至投射到沒有生命的東西上。我們經常站在動物的立場想像人是什麼樣子，用形容人的字眼來形容動物的心理狀態。何以見得這只是一種投射或擬人化的比喻，動物並不是真的擁有這些狀態呢？那是因為，心理狀態本質上牽涉到信念。若要產生信念，就需要擁有概念，而概念唯有透過語言才能表達。有些人便說，動物缺乏適當的言語表達能力，因此牠們不會有許多複雜的心理狀態，包含愛情所要求的心理狀態。

駱馬也是會開心的，牠們聞到某種喜歡的氣味，會湊過去依偎在氣味來源的旁邊。但是，這能證明牠們對這種事情有信念嗎？也許，很多動物擁有一些類似於單純信念的心理狀態，但是在缺乏語言能力的情況下，我們很難相信動物能夠擁有像是理由、解釋和為了他人著想而做事之類的概念。沒了這種概念，路易斯就不可能與萊拉談戀愛。愛情也許是

情感

盲目的，但還沒盲目到這種地步。

迷思20．慈悲之於正義，到底是調和，還是干預？
迷思22．聊了半天，結果這次蠍子還是螫了青蛙。
迷思26．小心，別讓偏好的跳躍導致你破財！
迷思14．灌輸和教育的差異是？

迷思 20
慈悲之於正義，到底是調和，還是干預？

在決鬥盛行的年代，想像有一位波西爵士要挑戰沃辛漢勳爵。這是一場生死決鬥。兩人相約在黎明時分碰面，各自帶好手槍。說好手帕一落下，兩人就朝對方前進。尊貴的沃辛漢勳爵一緊張，火速開了兩槍，結果太快沒射中。波西爵士逐步朝他逼近，手槍在東升的旭日之下閃閃發光。他的眼神直視前方這名男子，就是這個人，害他戴了綠帽而痛苦不已。現在，沃辛漢勳爵只能憑他擺布了。

一旁觀戰的支持者讚揚波西爵士的慈悲心腸，因為以他槍法之神準，竟然只擦中了沃辛漢勳爵。他並沒有送勳爵去見閻王，反而替自己贏得榮譽。反對者則是竊竊私語，說他根本就是假慈悲，讓對方欠下人情，往後好協助他提升社會地位。

慈悲的行為，指的是比規則或所認定要來得不苛刻的行為。要稱得上慈悲，這些行為必須建立在對接受者的悲憫上。古羅馬哲學家塞內卡（Seneca）說：「充分程度的懲罰，本身就是一種過錯。」

當受害者對加害者展現慈悲時，其中可能伴隨原諒，原諒可減輕一個人心中的憤恨。除此之外，原諒和慈悲並沒有關聯。有些人遭到暴力之後會原諒施暴者，然而這不叫做慈悲。此外，儘管他們是發自內心原諒對方，也不會贊成刑責可以輕判。反之，儘管波西爵士對沃辛漢勳爵展現了真正的慈悲，卻可能一輩子都不會原諒他。

「慈悲的人有福。」無論有無宗教信仰，人們一般都將慈悲視為美德，寬恕也是。慈悲是不能強取的，只能乞求。慈悲是一種禮物，握有權威的人可選擇使否贈予。這些權威者，可以是有權利要求還款的合法放貸人，也能是有權力將被害人撕票的非法綁匪。

俗話常說，「法律不外乎人情。」正義也需要以慈悲去調和。但是，調和正義無非是在干預正義，這麼一干預，似乎就破壞了正義的公正性。

慈悲一定是不公正的行為嗎？

會產生這個問題，是因為我們預設了兩件事。第一，我們雖然鼓勵慈悲，但慈悲不是強制性的，是我們可以自由選擇要不要給予的東西。第二，正義是強制性的，是人們應該享有的東西。

想像兩個法庭案件，兩名罪犯所犯下的罪刑類似。其中一案的法官是郝仁慈法官，她展現了慈悲心腸，給罪犯減了刑。另一名是鐵腕的管德嚴法官，他則沒有輕判。郝仁慈的判決似乎違背了正義。同一種罪卻有量刑上的差異，似乎不太公平。為了進一步探討，或許我們需要先釐清適用正義和不適用的領域。

法官在判決時應以法律規定為主，不應投入個人的同情心或慈悲心。如果涉及可減輕罪行的情節，法律也會從寬量刑。郝仁慈法官和管德嚴法官很可能依據不同犯罪情節，做出輕重不一的判決。也許，郝仁慈法官所審理的罪犯與另一名罪犯相比，事後表現出充滿悔恨，或是因一時被激怒才衝動犯案。這裡的量刑差異反映的是法官對犯罪情節的細微觀察。倘若如此，形容郝仁慈法官是慈悲為懷，就不大正確了。她和管德嚴法官一樣，都是遵照法律來判決。她所展現出的慈悲不是慷慨贈予的禮物，而是依法行事。

依以上觀點，無論赦免或減刑都無關慈悲，是仔細審度犯罪情節後所執行的正義。假如仔細審視之後，不認為有減刑的理由，就不應該減刑。正義應當伸張之處，是容不下慈悲的。

假如這是正確的理解，司法制度裡沒有慈悲的位置，那在其他制度和人際關係方面，慈悲又是怎麼回事呢？比方說，老師有時會改變心意，取消讓學生留校察看的處罰。父母因為孩子的不良行為，取消本來要去吃大餐的約定，也可能覺得對孩子感到抱歉，而態度突然緩和，最後照原計畫去吃大餐。然而，這種寬容可能是出於同情或憐憫，是瑣碎的小事，稱不上是「大發慈悲」。

那麼對於重大情節呢？有些海盜、劫機犯或綁匪可能會因風險過高，再不收手必死無疑，因而選擇釋放人質。看起來好像是大發慈悲，不是為了爭取減刑。然而，這種重大情節本身就是惡行，是面臨威脅不得已才放棄。這些罪犯本來就有道德義務停止脅迫行為。因此，他們才不是送你一份禮物。正確來說，他們才不是在展現慈悲。

這樣看來，要討論慈悲，似乎只能鎖定在瑣碎的小事上了，像是上面舉的老師和父母的例子。但是，「似乎」也是會出錯的。

回到一開始的決鬥——並假設波西爵士和沃辛漢勳爵的決鬥是雙方同意——這時候由於關係到生死，便有了展現慈悲的可能性。舉一個有名的例子，發生在《威尼斯商人》裡面的故事。當放高利貸的夏洛克要向安東尼奧索討一磅肉抵債時，波西亞勸他發慈悲心，放棄債權。夏洛克大可以這麼做，但是他不肯。假如我沒有依照約定償還十萬元，債主可以把我告上法院，他知道那會導致我家庭破碎、終日借酒澆愁。他也可以大發慈悲不跟我討債。這時候，債主如果放棄債權，就不算是違背公平正義或規避責任。

上述的理解方式，總的來說就是：在正式的司法案件當中，正義應具有主導優勢，沒有容納慈悲的空間。而不涉及公平正義的情況下，才有展現慈悲的可能性。這聽起來似乎是對的。

❄ ❄ ❄

這道慈悲的謎題似乎解開了，但這說法未免太有條理、太簡單了。讓我們回頭討論波西爵士對沃辛漢勳爵展現的慈悲。他的舉動令人激賞，但我們也提到，他沒義務這麼做。

假設波西爵士又捲入一場決鬥，這次的對手是威靈漢勳爵，同樣是為了那不光采的事由，而對手同樣陷入任他宰割的境地。這次，波西爵士決定不再手下留情。這樣子要說他不公平嗎？對沃辛漢就展現慈悲，對威靈漢卻沒有。他應該要一視同仁才公平啊。而且，波西爵士對沃辛漢勳爵展現慈悲，假如這樣做是正確的，那麼其他人面臨相同處境時，不就應該比照辦理嗎？

再次，如同前面關於郝仁慈法官和管德嚴法官的討論一般，慈悲本被視為一種主動贈予的禮物，但現在已經逐漸失去這個特色了。如果在某一個情況之下，慈悲是合理的，那麼換作其他類似的情況，都要比照辦理才公平。於是慈悲不再是我們選擇餽贈的禮物，而是我們必須具備的品德了。於是乎，很矛盾地，這就不算是慈悲了。

我們是人，難免都會突發奇想。我們偶而會破例對某個人特別仁慈，管他是不是違背了公平原則。這就是在展現慈悲。人生會出現這種混亂並不意外，畢竟我們都是人，太有人性了。

迷思29．全知的上帝到底知多少？
迷思24．他可以包頭巾，為什麼我不能戴面紗？
迷思16．在街上避開乞丐，為什麼要良心不安？

迷思21 就算你叫破喉嚨，也沒有人……

我們來看看路易斯・卡洛爾（Lewis Carroll）的文學大作《鏡中奇緣》（*Through the Looking Glass*）當中的一個場景。

「你在路上看到了誰？」白國王問。

「**沒有人**。」愛麗絲回答。

「啊，從這麼遠的距離可以看到**沒有人**呀。」白國王若有所思地說。

白國王心中的疑惑愈發不可收拾，因為信差抵達的時候，他問信差：「你剛才在路上經過了誰？」信差回答：「**沒有人**。」「果然，」國王說，「這名年輕女子也看到了他。可見，**沒有人**走得比你慢。」

「您說什麼？」信差忿忿不平道，「我很肯定**沒有人**走得比我快。」

「不可能，」國王回道，「要是他走得比你快，早就先你一步抵達這裡了。」

白國王誤把「沒有人」當作一個人名了（所以故事中用了粗體）。不過，要談論這位沒有人，不需要真實存在一個「沒有人先生」或「沒有人女士」。

我們經常談論一些現實中不存在的實體，例如獨角獸、聖誕老公公或睡美人。但是這裡要討論的是更基本、更廣泛的問題。我們如何能夠在接觸不到的情況下，談論距離我們時空遙遠的事物，或是在我們身邊的事物呢？當我們談論芝諾、莎士比亞和牛頓時，怎麼知道講的到底是誰？畢竟你我誰也沒見過他們。

有人會說：「我們不必為了談論他們而跑去見他們。」這樣說是沒錯，但接下來的問題是：當我們提及一個專有名詞時，它是如何鎖定某個特定的人或物呢？比方說，我們講到「芝諾」，我們想說的是有血有肉的芝諾，一個古時候的哲學家，而不是柏拉圖、凱撒或莎士比亞。

接著又有人說：「我們管他叫『芝諾』的那個人就是芝諾。」這種回答會讓我們陷入無限迴圈：「那個人到底是誰？」

被我們命名的城市、雕像或山脈都與這題有關，為了集中討論，我們把謎題定為：

我們如何能夠談論古時候的人物？

有個答案很簡單，當時哪一個人叫那個名字，就是我們在談論的人。可是，這種方法往往行不通。本章提到「芝諾」，指的是哲學家芝諾。可是，叫芝諾的人一大堆，還包括一些阿貓阿狗。當然，我們可以堅持說，從上下文可以看出我們討論的是「名叫『芝諾』的哲學家」。即便如此，仍不足以鎖定我們腦海裡想的那個人，因為叫做芝諾的哲學家可能不只一個——還真的不只一個。季蒂昂的芝諾（Zeno of Citium）是斯多葛派（Stoicism）的始祖，他跟埃利亞的芝諾（Zeno of Elea）是不同的人。

這種判斷的原理涉及「描述」，例如我們會描述說，那個人不但是叫那個名字而且還是個「哲學家」。若從這個思考來看，我們可能會說，專有名詞需要附加一系列的相關描述，才足以辨識身分。而且，這些描述必須涵蓋充分的細節，才能鎖定單一且唯一的那個人。這些描述要能確切指定一個人。只要能滿足所有描述，就是我們在談論的那個人。

上述原理（「描述」論和「滿足」論）有修正的需要，因為我們很可能對當事者做出錯誤的描述。而且，某部分描述的重要性可能高於其他部分。

當我們談論芝諾時，我們談論的是希臘哲學家，他活躍於西元前四六〇年，他來自埃利亞，他創造了運動悖論，他長得很高。但是，假設有這麼一個人存在，幾乎滿足所有條件，唯獨他長得不高。我們應該會同意修正想法：剛才談論的那個人是希臘哲學家、來自埃利亞等等，但是我們搞錯他的身高了。他的身高不重要，甚至他的體重也不重要，他是提出了一系列悖論的哲學家，這比較重要。

因此，我們所指涉的歷史人物，是那些滿足了幾個重要描述的人，而這些描述與我們所稱的名字有關聯。但是這種在名字之外附加辨識性描述的方法，以及用來確定談論對象的描述，依然有問題。

其中一個問題是，我們每天用各式各樣的名字談論歷史人物，但我們並不具備辨識性描述的相關知識。我們談論拜倫、牛頓、柏拉圖、芝諾，卻鮮少知道與名字相關的描述。大部分的人只知道柏拉圖是很重要的希臘哲學家，但單憑這個描述，尚不足以讓我們確切指定一個人。學生們可能聽老師談論著牛頓、達爾文，卻搞不清楚誰做了什麼。不過，當學生們說出「啊，對，牛頓提出演化論」時，肯定是對牛頓的錯誤描述，而非對達爾文的正確描述。

這個問題的答案在於，我們經常聽從專家的意見，他們知道如何辨識我們所指涉的是誰。也許我們對牛頓、柏拉圖和芝諾稍微有點認識，但當我們使用這些名字時，我們最終所指的那個人是誰，取決於專家意見，相關學者擁有該名字的辨識性資訊，而我們擁有的是最小程度資訊。「芝諾？我是指當前哲學悖論專家通常所指的那人。」我們將「定義」的責任推給別人，這些人知道與該名字有關的大量描述。這就叫「語言分工」（Division of Linguistic Labor）。

❄ ❄ ❄

以上的「滿足論」仍未擺脫困境，這裡還有一個問題：難道我們就不能認為專家是錯的嗎？

專家相信莎士比亞創作了《奧賽羅》、《哈姆雷特》、《李爾王》等戲劇。有人提出，這個信念有可能是訛誤。假設這是錯的。當我們在談論莎士比亞時，會不會其實是在談論培根、馬羅或其他作家呢？我們大概會堅信一般就是在講莎士比亞。一旦發現搞錯了，我們會說：「啊，原來莎士比亞沒寫過《奧賽羅》啊。」當我們這麼說時，並不是要表達《奧賽羅》的原作者沒有寫過《奧賽羅》。

滿足論告訴我們，我們是用一系列的描述來鎖定我們所指涉的東西。但是，在大多數情況下，這些描述只是剛好符合這個人的特徵，因此很有可能並不適用。說不定亞里斯多德從來沒寫過哲學書，說不定他其實是個養豬的，由於歷史學家犯了錯或刻意扭曲事實，他才被塑造成寫過《形上學》的偉大哲學家，而事實上我們全都信了這件事。可見，滿足論至少要描述到極細微的程度，並且小心謹慎。

回到本章開頭提到的「沒有人」。現實中不存在的個體，也就是虛構人物，和剛剛我們談論的真實歷史人物，又是不一樣的情況。

以《孤雛淚》的主角奧利佛．推斯特為例，我們必須透過描述，才能辨識奧利佛這個虛構人物。因為，對於奧利佛這個人物，除了作者狄更斯的描述之外，再沒其他資訊了。如果說狄更斯可能搞錯推斯特的特徵，是沒道理的。反過來，我們可能搞錯荷馬的特徵，這是有道理的。說不定荷馬這位偉大的希臘詩人，根本沒有創作《伊利亞特》和《奧德賽》兩部史詩，而是另一個人寫的。我們還可以給這一題加油添醋，搞不好這「另一個人」恰好也叫「荷馬」呢。

迷思23・哲學家嘴角上的奶油。

迷思25・看不見、摸不著、聽不到……所以不存在？

迷思30・一大朵哲學疑雲，凝結成一滴文法問題。

迷思22

聊了半天，結果這次蠍子還是螯了青蛙。

青蛙　蠍子小姐，我現在背著你渡河，有種似曾相似的感覺。我猜我可能要死於非命了，就是溺水的那種死於非命。

蠍子　青蛙先生，恐怕你說的沒錯。但你還是很好心，願意載我一程。

青蛙　這倒提醒了我，你怎麼會在我們**還沒**安全抵達對岸，就螯了我呢？這真的說不過去，你會害我們兩個一塊兒溺死的。

蠍子　這是我的天性，我就是忍不住。

青蛙　故事真的不能這樣亂寫，都要怪伊索那傢伙，因為以我的天性，是不可能去幫助一隻蠍子的。結果我現在竟然背著你。蠍子小姐，拜託你控制一下天性……

蠍子　至少我應該忍耐到平安上岸才對啊，不然我會跟你一起同歸於盡。毫無疑問，這一定是演化上出了問題。

青蛙　這是當然——我注意到你的修正思考了，你說演化應該要讓你發展出更高的利己意識，等你到達對岸再螫我。可是，先把利己擺一旁，你沒聽過道德、仁慈和公平嗎？道德上，你應該好好對待我，而不是利用我和傷害我，這道理你不懂嗎？

蠍子　青蛙先生，你一定是聽信那些人類的話吧？沒錯，他們老是嘮叨著這種問題——雖然他們並不關心蠍子和青蛙——可是，這種道德觀又是打哪兒來的？

青蛙　問得好。畢竟，我們這種非人類的動物是沒有道德觀的。啊，我們只是天擇演化下的產物。

蠍子　難道人類就不是嗎？他們和我們一樣，都是自然界的一分子。不過你倒是說對了一件事，青蛙先生，自然界是沒有道德觀的，我螫！

青蛙（渾身顫抖）　也許那些自稱是上帝照著自己形象造出來的人類說得對。也許道德感是神性在他們身上殘留的火花。道德感絕對不是自然的產物，因為自然界告訴我們事情就是這樣，而不是應該怎樣。

蠍子　別提什麼神性的火花了，人類的道德感只不過是另一種演化上的優勢罷了。你去聽聽那些演化學家的鬼扯就知道了。他們一直在解釋為何某種生物（擁有道德觀的那種）比較容易繁榮興旺，說他們的基因比較容易繁殖。

青蛙　你的意思是說，到頭來，依照道德行事也不過是自然界賦予的本能，從某些基因占有生存優勢就可以證明。

蠍子　沒錯，假如一個物種裡的成員懂得好好照顧小孩、幫助其他成員、特別關照近親，這個物種（這個基因）顯然就比較容易繁盛。就連我們這種小動物也會這麼做，程度不同而已。你看螞蟻、蜜蜂和狐獴，顯然牠們是會自我犧牲的，但是這跟道德沒有關係。牠們並不是經由判斷決定**應該**互相幫助，牠們就是會這樣做。

青蛙　了解。自然界沒有道德上的**應該**，即使人類天性也是如此。

蠍子　事實上，人類的仁慈、自我犧牲、訴諸正義，不是什麼神性或超自然力量，這些特質跟我螫人的天性沒兩樣——哎呀，不妙，我真的很抱歉……

（噗通——咕嚕咕嚕沉下去……）

道德觀是從哪兒來的？

道德的問題讓許多人困惑，就連那些認為宇宙存在不需仰賴上帝或神來創造的人，也一樣困惑。然而，道德真理——告訴我們道德上應該或不應該做的事——的存在，卻讓許多人轉而從神的身上解釋它的來源，例如《聖經》所記載的十誡：不可殺人、不可姦淫等等。事實上，神的誡命不只這些，還有很多很多，只是如今都被忽略了。

有人認為道德是上帝的事情，祂是神聖的立法者，由祂來告訴我們應該怎麼做。人類擁有這種特許的能力，能理解上帝制定的法律，青蛙和蠍子則不能。所以，現在我們要挑戰的假設就是：

假如存在客觀的道德真理，必有下達這些旨意的上帝存在。

在這個假設之下，論證只會往兩個方向的其中之一發展。要麼你相信客觀的道德真理存在，因此認定上帝必然存在；要麼你否定上帝存在，因此客觀的道德真理並不存在。

我們一定要接受這個假設嗎？答案是「不」。或許還有第三個解釋方向，介於道德是神授和道德是錯覺之間的解釋。首先，我們先討論道德神授的問題，再轉而討論是否可能存在第三種解釋，意即如果不是神授也不是錯覺，道德是怎麼來的。

有人說，善（包含正義）是上帝的旨意。當我們說保護無辜生命是一種善，就等於在說上帝要我們這麼做。這種說法的概念是，善是由某種我們必須遵循的最高權威所決定。於是我們自然要問：上帝如何決定什麼是善，從而下達旨意呢？答案有兩種可能性。

一種答案認為，善獨立存在於上帝之外，而上帝具有某種性格，便下達了善的旨意。按照這種理解，善本身就是好的，所以上帝下達善的旨意；並不是作為上帝的旨意，所以善才是好的。如果循著這種思路，最終，客觀的道德真理並非由上帝決定。那麼，人類便有可能不需要藉由上帝而發現道德真理。道德真理必然獨立於上帝之外存在。

另一種答案認為，何為善是由上帝決定。任何上帝認定為好的，本質上就是好的。如果祂的旨意是殺死長子——傳說中，祂不就曾經下令殺死埃及所有的長子嗎？——那麼這種殺戮在道德上就是好的。如果祂的旨意是男人可以奴役女人，那這種行為就是好的。這種論證遭到駁斥的理由，是它所描繪的道德樣貌令人難以容忍。上帝的信徒當然會說，上帝不可能下達這種旨意，因為祂是全善的。然而這種回答會帶我們回到第一種解釋，善獨立存在於上帝之外，否則的話，上帝的一切喜好全都是善。

還有人提出上帝即是善。這種解釋沒有意義，最終變成善的源頭就是善（上帝）。假如有人說：「上帝愛世人。」謎題就會變成：善怎麼會擬人化了？

這裡必須注意，將道德與上帝綁在一起，無助於解釋什麼是善、什麼是惡。將古老文字奉為圭臬、視為「神聖的經文」，會導致衝突的結果，如不同宗教之間發生紛爭，單一宗教內部也發生紛爭。用「經文如是記載」來判定道德，是非常不可靠的。

假如道德神授的理論被駁回——我們僅約略提供了一部分爭論點——難道真如蠍子所言，客觀的道德是一種錯覺嗎？

❄ ❄ ❄

現在要提出第三種解釋。道德真理無須歸給上帝，亦無須理解為錯覺。氣候變遷、地球繞太陽公轉，這些都是真理，都具客觀性，不需要仰賴人類思考就存在。現在，假如自然界裡本來就存在「殺人是違背道德的」或「你不應該食言」這樣的經驗事實，是非常匪夷所思的。

然而，我們不應局限視野和思維，所以來想一想吧，數學真理也被認為獨立於人類之外而存在，但我們不會說那是上帝創造的。數學真理屬於客觀的「必然真理」，不過當我們漫步林間，眼前看到的是樹木、啤酒罐和兔子，而不是數字、直角三角形或抽象的三段論（syllogism）。也許就如同數學真理，道德真理不需要解釋為上帝旨意，依舊客觀存在。的確，道德真理是在告訴我們行為舉止應當如何，並不同於數學真理，但這只不過是道德的性質。的確，我們有時會忽視道德，但在自然界或數學界中，被我們忽視的可多了。

道德引發許多爭端，也許正反映它缺乏客觀性。但是，大部分爭端都與道德的應用有關，數學的應用不也引發不少爭端嗎？許多來自不同社會的人認為，在其他條件相當的情況下，不該殺害無辜的人、應該遵守承諾、應該待人平等。但當情況與原則產生衝突，當事實備受爭議時，我們就會陷入兩難。例如，胎兒到底算不算人，獵狐到底殘不殘忍，以及，倘若違背承諾可以讓某個人內心好過一點，你做是不做。

人類與蠍子和青蛙不同，我們是智慧的生物，會思考、會推理、會未雨綢繆。這些特質賦予我們演化上的優勢。因為擁有智慧，我們得以發現抽象的數學真理，並且辨別道德真理。這種發現真理的能力對於生存到底有沒有幫助，可能有，也可能沒有。演化可以告訴我們哪些屬於生存優勢，但是這些優勢有可能附帶一些與生存無關的特質。

舉例來說，我們為什麼長著這樣的耳朵？這對於生存有何重要性？這問題當然可以從演化上來解釋。但是，耳朵還有一個附加功能：掛眼鏡。從演化觀點解釋我們為什麼要有耳朵時，就完全不會提到它有掛眼鏡的功能。

迷思29．全知的上帝到底知多少？

迷思25．看不見、摸不著、聽不到……所以不存在？

迷思5．但那是藝術啊，親愛的姨媽。

迷思 23

哲學家嘴角上的奶油。

請容我用謎題的方式，說明共同知識（common knowledge）的本質和重要性。

假設現在有十個哲學家正在參加國際會議，他們圍坐在半圓餐桌前，剛享用完美味的奶油點心，個個吃得心滿意足。他們看得到每一個人的臉，除了自己的。現場沒鏡子，不准斜眼偷瞄自己的嘴角，也不能互相詢問。你是個嚴肅的服務生，監視著每個人的舉動。沒有一位哲學家知道自己嘴上沾了奶油，畢竟他們看不到自己的臉。其中只有兩個人吃得亂七八糟，嘴上沾了奶油，其他人，真意外，嘴巴乾淨得閃閃發光。為了方便起見，我們把沾了奶油的稱為「奶油哲學家」。當然了，既然在場的全是哲學家，絕對是理性的推理專家——雖然喝得有點茫——已經準備好遵照指示進行推理了。

你發號施令：「知道自己嘴上沾了奶油的請舉手。」他們每個人至少可以看到一個奶油哲學家。「至少有一個奶油哲學家」是眾所皆知、共同知道的事實。但是，沒有一個人知道自己是奶油哲學家，所以沒有人舉手。你問再多次也不會有人舉手，這是重點。沒有一位哲學家能夠單憑推理，得出自己必然是奶油哲學家的結論。

現在，假設同樣的情境，僅有一個差別，就是你在原本的指令前加上一句：「你們當中至少一個人嘴上沾了奶油。」當然，在上一個場景當中，他們早就知道了：用眼睛就看得到至少一個奶油哲學家。但你的這句話好像施了魔法，改變了接下來的結果。接下來你發號施令：「知道自己嘴上沾了奶油的請舉手。」沒人舉手。你又再說了一遍：「知道自己嘴上沾了奶油的請舉手。」說也奇妙，那兩個奶油哲學家，唯二的那兩個，竟然舉手了。你的一句話，而且是他們早就知道的一句話，竟然讓結果產生了差異。

為何這次奶油哲學家會舉手？

一名沒沾到奶油的哲學家可以看到兩位奶油哲學家，假設是阿洛和澤基。他心想，為什麼聽到第一次指令時，阿洛和澤基沒有舉手呢？想必是因為他倆都認為，自己看到的那個人是唯一的奶油哲學家。

例如，阿洛只看到一個奶油哲學家，就是澤基。阿洛便推理，澤基第一次沒舉手，肯定是因為他看到了一個奶油哲學家。但阿洛在現場看到的奶油哲學家只有澤基，所以，第一次沒人舉手的話，阿洛便得出他自己一定沾了奶油的結論。澤基也經歷了同樣的推理過程。因此，第二次下指令時，兩名奶油哲學家已經推理出自己沾了奶油，便舉手了。

你的一句話改變了一切。透過這句話，阿洛得知澤基知道至少一個哲學家沾了奶油。在你還沒說這句話之前，雖然澤基知道至少一個哲學家沾了奶油，但是阿洛並不知道澤基知道。哲學家之所以知道別人知道了，是透過你的聲明之故。阿洛和澤基雙方都知道，對方已知至少有一個奶油哲學家。他們共享的知識提升了一個很小的層級——第二層級：亦即，知道對方知道＊——於是便能以之進行推理。

這個故事裡只有兩個奶油哲學家。假設你有事先聲明，那麼我們可以證明當有N個奶油哲學家時，他們會在第N次指令下達時，全都舉起手來。假設你沒有事先聲明，沒能達到最低層級的「知道其他人知道」，就不會有人舉手。

＊譯注：經濟學家凱因斯曾提出著名的選美理論，將股市投資比為選美大賽，說明考慮問題可分好幾個層級，好的投資者至少要考慮到第二層級以上。選美大賽於本章倒數第二、三段略有提及。

我們來試試看，如果有三個奶油哲學家會是什麼情況，分別是阿洛、澤基、鮑伯。你第一次下指令時，沒人舉手。鮑伯知道原因：因為阿洛看到澤基了。於是鮑伯心想，阿洛可能認為澤基是那唯一的奶油哲學家。鮑伯推理出澤基大概也是那麼認為。所以，第二次指令時，鮑伯仍然沒有舉手。但是他發現，阿洛這次又沒有舉手。鮑伯知道了：一定是除了澤基之外，阿洛還看到另一個奶油哲學家。鮑伯這會兒恍然大悟，另外那個沾了奶油的就是自己。於是第三次指令時，鮑伯就舉手了。阿洛和澤基也經歷了同樣的論證過程，這次統統舉手了。

奶油哲學家的故事，因為有了你這個服務生的事先公開聲明，引導他們走上了「知道其他人知道至少有一位奶油哲學家」的歷程。這條知道的歷程可以繼續往前邁進：知道他們知道其他人知道他們知道……以此類推。可見，共同知識具備了一個特徵：知識有可能無限重複。儘管在只有兩個奶油哲學家的情況下，澤基只需要知道「阿洛知道至少有一個奶油哲學家」的事實，就足夠推理了，反過來阿洛也是。

當然，絕大多數人都不是邏輯學家，沒有人是完美的推理機器。矛盾的是，我們在日常生活中經常仰賴共同知識，或者至少仰賴共同信念才能好好生活。矛盾乃在於我們是有限的生物，共同知識或共同信念卻讓我們陷入無限的重複。以下舉一個例子，說明人類如何仰賴共同知識才能生活。

在英國開車要靠左行駛。行經一條狹窄巷道時，我看見對面有來車，此時我會往左邊靠。這是假設對方也知道有左駕的慣例。不僅如此，對方也必須知道我知道這個慣例。然而又不僅如此，我也需要知道他知道我知道這個慣例。以此類推。倘若沒有共同知識或共同信念，或至少表現得像是有，這個世界上就不會出現語言和社會生活了。我們至多（說得正確一點是至差）過著與世隔絕的隱士生活，不可能過著現在這種人類生活了。

❄ ❄ ❄

英國經濟學家凱因斯曾提出一個選美理論。一間報社舉辦一場競賽，參賽者必須從一百張照片中選出最美的六張臉蛋。選出來的答案最接近整體參賽者的平均偏好的人，就可以獲勝。因此，如果想贏，參賽者不能選自己認為最美的臉，而要選擇他認為最可能吸引其他參賽者的臉。當然，參賽者都是以同一個視角看待問題，因此，接下來會有幾個層級的行動，以下略舉一二。

要贏，不是去判斷誰最美。要贏，不是去判斷一般真正認為哪個最美。要贏，你必須拿出智慧，預測一般會預期這件事的普遍看法是什麼。當然，若你能走到第四個層級，就勝利在望了，也就是正確判斷一般會預期一般預期這件事的普遍看法是什麼。甚至於，再往更高層級邁進都是可以的。

因此，在我們的社會行為（或在公開聲明、社會慣例）當中，潛藏著不斷重複的共同知識和共同信念。當然，實際上，我們不需要無限重複就可以好好過日子。這真教人匪夷所思。還是說，若不是我們非要完全理性，非要成為完美的哲學家，這件事也不至於匪夷所思呢？

迷思31．無限大到底是多大？有比無限大更大的嗎？

迷思9．民主是艘船，需要個好船長。

迷思13．駱駝老千。

迷思24 他可以包頭巾，為什麼我不能戴面紗？

在某些時代和國家，平民不分男女都要從軍，以保衛國家和國王（可能是獨裁君主，也可能是民主政體）。然而，在某些時代或國家，由於社會上根深柢固的信念，有些人是不用入伍的。拒絕從軍的人可能打從心底堅信，「憑良心講」，他們根本不能加入軍隊。

天主教體系的醫生、護理師和外科醫生有權拒絕參與墮胎手術，至少在英國是如此。他們打從心底認為，這類手術是在摧毀一個潛在的人，因此他們被允許差別對待需要這類醫療介入的女性。天主教體系的兒童領養機構只接受異性夫妻作為領養人，在天主教的觀念裡，同性婚姻無法提供一個完整的家。然而，並沒有任何規定允許這類機構可以差別對待同性婚姻不得領養孩子。這當中是不是有些令人費解的矛盾？

錫克教徒奉行包裹頭巾的教義，被准許騎車可以不戴安全帽。雇主調整衣著規定，好讓各種信仰的員工能穿戴各自傳統服飾來上班，如猶太男子可戴小圓帽，穆斯林婦女可戴面紗，基督徒可戴十字架。可是，去倫敦市中心開會時，絕地教＊創始人卻被禁止穿連帽斗蓬出席，即使他說這對他的新興宗教很重要。此外，男人也被規定不得著裙裝，女人不得著比基尼。或許這些規定並沒這麼令人費解；因為我們可能會懷疑絕地信仰的真實性，也會懷疑在多數公眾服務業中，男人穿裙子、女人穿比基尼是否有其必要。

矛盾之處在於，為了推廣就業和生活方式的平等，反而需要不平等對待。無論在法律或現實生活中，我們處處建立例外和豁免權，而且多半是為了配合宗教信仰。然而，我們允許某些範圍的豁免，卻不允許另一些，這是基於哪套道德標準？如果醫生可以拒絕進行墮胎手術，為何領養機構卻要拒絕同性夫妻登記領養兒童呢？如果穆斯林婦女可以戴面紗上班，為何那些愛挖苦別人的無神論者不可以穿穆罕默德卡通圖案的T恤呢？

我們現在就要來探討，在我們平常遵循的法律規定和職場要求中，如何合理解釋那些得以免除、不需遵循的情況。

我們如何決定哪些事項和信念可開放豁免？

一個基本的道德直覺是：人有表達自我的自由，只要不對他人造成不必要的傷害。這種直覺所展現的是跟尊重有關的平等，雖然這會立即引發其他問題。怎麼說呢？例如，有些酒吧雇用的員工會抽菸，這些酒吧是不是就該免除於禁煙令的管制呢？這樣才算同時尊重抽菸和不抽菸的人，不是嗎？不過，我們先來討論幾個出於根深柢固的價值觀而要求的豁免權。

一個人的認同感，可能與宗教信仰密切相關。「要人們拋下對上帝的信仰，無異於要他們除去自己的膚色」，這句話值得進一步思考。無神論者進入職場，不可能把無神論的信仰暫時丟在門口。但我們或許同意，前面提到的卡通T恤的確很不禮貌，甚至有濃厚挑釁意味，而且對於他們的無神信仰也沒有必要。

對一般人來說（甚至部分穆斯林），戴面紗這種把臉遮住的行為，不僅具挑釁意味，也會阻礙他們融入社群。相較起來，錫克教徒裹頭巾和基督徒戴十字架算是還好。然而，

＊譯注：Jediism，絕地即《星際大戰》中的絕地武士，絕地教是以此為基礎而建立的教派，奉行《星際大戰》的哲學教導和原力（force），並在一些國家設有教會。

要是雇主禁止員工戴面紗，穆斯林婦女就會認為她們遭到歧視，她們的宗教觀不被尊重，進而造成她們失去別人能享有的就業機會。為了工作，她們不得不將面紗留在職場之外，可是戴面紗對她們的信仰與生活至關重要。對於她們的立場，我們該如何看待？

研究《古蘭經》的許多專家學者說，伊斯蘭教並沒有要求信徒戴面紗。於是我們可以質疑，戴面紗是否有其宗教上的必要。從這個觀點來看，堅持戴面紗的女性是自己剝奪了自己的就業機會。有人會說，有些女性戴面紗是出於家庭壓力，不是自己想這麼做。如果不讓她們戴面紗，只會把她們逼入絕境，被迫困在家裡。這場爭論於是轉為事實問題，除了評判信仰的虔誠性，還要討論婦女的整體利益。

欲達到豁免資格，至少需要達到「根深柢固的信念」這種虔誠性。若僅憑一時心血來潮就准予豁免，一大堆規矩都不需遵守了，不管是服裝規定或接種疫苗。即便在重視多元的社會裡，服從規定仍是必要的——至少在某些場域。多數倫敦市中心的辦公室，要求男性上班要穿襯衫打領帶，女性卻可以穿低領上衣，也有些公司要求女性衣著必須端莊。儘管社會觀念一直在變，大致上，人們仍默默遵守無數的慣例——直到這些慣例與他們「根深柢固的信念」相抵觸。

我們經常假設，要達到根深柢固信念的程度，必然需要宗教的基礎，然而這種假設是值得懷疑的。的確，宗教信仰是一部分根深柢固信念的來源，但是非宗教性質的重大運動也可以是來源之一。這些運動有些是好的，生態運動或許就是，有些是不好的，如某些宣揚政治信念的運動。

當人們持有根深柢固的信念，就會發自內心地說，假如不從事某些活動，他們心裡過不去。他們可能推說是良心問題，但誰知道良心是怎麼一回事？假如良心或根深柢固的信念就足以合理解釋豁免權，那麼，對自己信念十分堅定的強暴犯也可以援引這套說法，規避法律制裁。懷有厭女情節的雇主也可以之當作藉口，付給女性較低的工資。可見，我們需要其他的解釋。

首先，這些根深柢固的信念（如良心之說）不能違背我們的道德觀念。它們必須是可以被理解的（即使是錯的），我們理解這些信念對信仰者十分重要。有時候，它們的確十分重要。

即便對正義戰爭最為狂熱的人，也會尊重那些道德上不認同戰爭的人。即便是強烈捍衛女權的人，也明白墮胎確實是道德兩難。從人們提出的戰爭與墮胎豁免理由，可以明顯看出其中的道德訴求，呼籲我們尊重其他生命。在這類的情況中，我們至少應該接納豁免的可能性：這一類根深柢固的信念顯然是「慮及他人」的，是以保護他人為初衷。當然，即便明白這一點，也絲毫無助於決定哪些事項可以豁免，無論是關係到他人，抑或僅關係到個人救贖。

當情況危急的時候，例如士兵或醫生人數不足的時候，相關的豁免權可能無法成立。然而，也有實際考量反而支持相關豁免權的時候。和平主義者不適合上戰場，卻很適合照顧戰爭傷患。不可避免地，我們得權衡那些互相衝突的現實因素。當然，有些得不到豁免的信仰者會逕自拒絕執行，例如索性辭職不幹。但從實際情況來看，現實生活受挫經常讓「根深柢固的信念」產生動搖。他們開始妥協，顛倒原則以換取舒適。

❄ ❄ ❄

當兩方根深柢固的觀念不同時，應如何相處？思考這個問題時，難免會遇上灰色地帶：無論指人或政府，都需要適應和調整。現在，讓我們回頭討論領養機構的問題。

天主教的想法確實是慮及他人的。他們只是希望給孩子他們認為最好的，但是看在同性夫妻眼裡，卻認為他們有恐同症。我們應當如何看待這個問題？假設非宗教性質的領養機構數量夠多，並且假設社會容許孩子接受宗教薰陶，也教導（極度爭議用字）孩子某些性行為是不道德的，那麼為求一致，天主教領養機構所要求的豁免權，就應該被批准。

最終，豁免的問題，須取決於現實考量和一些雜七雜八的考量。許多讀者也許要失望了，然而各位如果認為，必然有個放諸四海而皆準的正確原則，這種思考也是錯誤的。

戰犯有時會在法庭上辯稱：「我只是盡自己的義務。」假如惡法當道，不盡義務就不構成問題，這時要的是「公民不服從」，我們要站出來表態，或者在核裁軍運動*當時坐下來表態。但是請務必記住，那些古老經文如《聖經》或《古蘭經》，就算被冠上「神聖」的封號，也不是一個可靠的來源，不能作為何時該站出來——或坐下來——的依據。

迷思14・灌輸和教育的差異是？

迷思22・聊了半天，結果這次蠍子還是螫了青蛙。

迷思5・但那是藝術啊，親愛的姨媽。

* 譯注：Campaign for Nuclear Disarmament, CND，英國提倡裁減核武的組織，始於一九五七年，翌年開始組織奧爾德瑪斯頓遊行（Aldermaston March），從倫敦特拉法加廣場一路行進到奧爾德瑪斯頓這個村子。

迷思25

看不見、摸不著、聽不到……所以不存在？

周圍寂靜無聲，連一根針落下都聽得到。然而，聲音發出需要條件，不僅要有一根針落下，還需要一個有意識的觀察者在場聆聽。問題來了：當樹林裡有一棵樹倒下，若無人在場聆聽，聲音還算存在嗎？我們可能認為「沒有觀察者，就沒有聲音」，倘若如此，宇宙中若不存在有意識的生物，就會是一片寂然。若在生物出現之前，已有一台收音機神奇地存在，它還是能錄到森林裡的動靜，像是「喀嚓」、「劈啪」、「砰」，然而，就算收音機能自動重新播放，若還是沒有生物在場聆聽，那聲音算存在嗎？

不只是聲音。假如無人感受，鹽巴變得無味，玫瑰也失去芬芳。彩虹呢？如果沒有人去感知那些顏色，任何物體還會有顏色嗎？這種思維使得十八世紀初一位厲害的推理學家柏克萊（George Berkeley，又稱為柏克萊主教）提出了一個理論：任何事物若要存在，必須要有觀察者（感知者）在場。「存在就是被感知」是這位好主教常掛嘴邊的真言——嗯，不完整的真言。感知者也是一種存在，卻無法被感知，它不是可被感知的肉體，而是種心智或心靈。所以完整的真言應該是「存在就是被感知或去感知」，這裡的「感知」涵蓋五種感官：視覺、觸覺、聽覺、嗅覺和味覺。

這裡做個快速總結。實質的東西沒有心智或心靈，物體若被理解為沒被感知，就不存在。嗯，主教的理論基本上是這樣。我們所認為的物質或實體，如桌椅、水果甜派、高山等，只不過是一系列顏色、形狀、重量、味道、軟硬等性質的集合，而這些性質需要有感知者才能被感知到。一個感知者覺得洗澡水很燙，另一個卻覺得溫溫的剛好。一個感知者覺得水果甜派吃起來鹹鹹的，另一個卻覺得是甜的。從某個角度看過去，桌子是橢圓形的，換個角度看又變成圓形。諸如此類。這些「實質」的物體不是獨立存在於心智之外的物質（柏克萊認為這是一種衝突、矛盾），而是一系列概念的集合，倚賴心智去感知。

但是我們不需要擔心走出房間時，桌子椅子會自動消失（房間也會消失），等我們回來又馬上出現。不管是無法直接看見的身體器官，還是行走時擺動的手腳，我們都不需要害怕它們基於內在或外在的感知，時而出現時而消失。我們不需要擔心害怕，因為柏克萊迎來了上帝，這位舉世無雙的感知者，所有的物體都可以仰賴上帝的心智而存在。上帝看得見萬物，無時無刻都在看。於是便有人創作了這首打油詩：

有個年輕人說，
「上帝一定覺得很奇怪，
我眼前所見的這棵樹，
縱然院子裡四下無人，
依舊存在。」

上帝給了一個令人安心的回應：

親愛的先生，
你的驚訝才奇怪。
我一直都在院子裡。
這就是為什麼，
樹木可以依舊存在，

因為有我在注視著。
你忠實的，
上帝

為了回應柏克萊的這道謎題，我們先別急著向上帝求救。我們要如何挑戰柏克萊的觀點，駁回桌椅、高山、水果甜派只不過是仰賴心智覺察的概念集合呢？

若無人聆聽，深山裡還會有聲音嗎？若沒有觀察者在場，萬物還能存在嗎？

要駁回柏克萊的論點，需要先區分兩件事。一是我們產生的「概念」，即必須仰賴心智才存在的東西；一是致使我們產生這些概念、獨立於心智之外的「實體」。這兩者有時會因語意不清造成混淆。當我們提到聲音，是指我們聆聽的經驗，還是空氣中的振動？當我們說熱騰騰的餡餅，是指我們有熱的感受，還是造成這種感受的分子運動？如果講的是經驗，是誰的經驗就會造成差異。經驗仰賴心智而生，空氣振動和分子運動則否。

以上是對柏克萊理論的一種回應，但柏克萊也有話要說。那些不同於經驗的振動、運動、或性質又是什麼？一個人體驗到水是熱的，另一個人卻體驗到溫的，到底是哪一個？你戴著粉紅色墨鏡仰望天空，然後取下墨鏡，天空的顏色好像變了。水、天空、水果甜派等物體真正的性質是什麼？對於空氣振動和分子運動，我們知道感官會受其影響，除此之外，我們還知道什麼？

目前普遍觀點是，我們輕易就相信，「經驗」是外在物體和我們的感知器官交互作用下的產物。我們的感知器官決定這個物體的「真實」樣貌。若由貓來感知則會是完全不同的經驗，火星人（假如有的話）的感知又會帶來不同經驗。如果不透過經驗，我們如何與萬物有所聯繫？

按照柏克萊的說法，我們感知的僅是概念、經驗，而這些必須仰賴心智才得以發生。其他學者則認為，在概念的面紗背後，還存在著物質或實質上的物體，概念是因著這些物體而成形。由於柏克萊絲毫沒有打算揭開這層面紗，直接主張談論面紗背後的物體只是空談。但別忘了，柏克萊自己卻直指面紗背後有上帝。我們繼續討論，先別勞煩上帝。

上述論證可能導致一個極端的結論。既然我對其他人的認知只能單憑經驗，我就沒有理由相信其他人存在，他們只不過是依附我的心智而產生的概念而已。最終我只能相信兩種東西存在，即「我」與「我的概念」，這就是「唯我論」（solipsism）。講到這裡，我們需要談一下常識，常識經常派得上用場。

柏克萊要我們去看、去摸（或聽、聞、嘗）這些概念，這一步就已經走錯路。各種感官不能相提並論，但是我們多半同意，實質物體是可以看到和摸到（聽到、聞到或嘗到）的，這是常識。我們看到貓、聞到貓味，還可以撫摸牠，甚至不小心踢到牠。當我們看到貓的時候，會產生視覺感受，可是我們看不到視覺感受。這種感受，即這種概念，是在看到貓的當下才產生。儘管我們可能會覺得奇怪，貓和這些感受之間有什麼關聯。

在適當的光線環境下，假如有隻貓是白色，我們就會產生白的感受。當然，如果無人在場觀看這隻貓，就不會有這種視覺感受產生。這是否意味著當沒人看見時，這隻貓就不具有白色的性質呢？這就要看「白色」的定義了。有一個快速的解決方法：一個物體若符合下列情況就是白色，也就是在眾所同意的「正常」環境下，當一般人或有辨識能力的專家看到這樣東西，會產生某種特定的視覺感受，也就是白色的感受。這種視覺感受存在於貓身上嗎？不是。貓是白色的嗎？是的。

這種說法是將顏色、形狀、味道、氣味等性質理解為具有「傾向性」，亦即：**當某條件發生時**，某種感受才會出現。當我們說鹽是可溶性物質，不是說它現在正在溶解，而是說，當鹽被放入水中時，才會溶解。當我們說鹽是白色的，不是說即使無人觀看，白色的經驗正在發生。而是說（或至少暗示），在某種正常的條件下觀看鹽巴，會產生某種特定的視覺感受。

我們回到深山裡，那裡沒有可經驗到感覺的生物。狂風呼嘯，枝葉劈啪作響，閃電伴隨著雷鳴。假如有人在場，就會聽到這些聲音。所以說，高山與海洋、形狀和大小、濃稠度和持久度等，當然在可感知的生物存在之前就已存在，我們應該默默接受沙漠有顏色、海水是鹹的、森林裡充滿聲音等事實。

可是，這樣聽起來對嗎？

迷思30・一大朵哲學疑雲，凝結成一滴文法問題。
迷思27・瞪羚、樹懶和雞賽跑，贏的一定是哺乳類？

迷思11．消失的山羊

迷思29．全知的上帝到底知多少？

迷思26 小心，別讓偏好的跳躍導致你破財！

「請問有什麼口味？」露莘達問，她正盤算著要點哪一種冰淇淋。

「有巧克力、櫻桃和咖啡口味。」服務生回答。

露莘達沉思了一會兒，口味好少，她覺得不大開心。「我要咖啡口味。」她決定了。

服務生寫下她的餐點，正要轉身離開時，突然想起：「啊，我們還有梅子、水蜜桃和百香果口味。」

「太好了！」露莘達說，「那我要櫻桃口味。」

➤

人都有偏好，而且通常有不同的偏好，視當時條件和手邊選擇而定。露莘達的故事讓我們會心一笑，卻又十分困惑。為什麼在得知還有梅子、水蜜桃和百香果的選項後，她的偏好會從咖啡轉為櫻桃呢？這似乎有點矛盾。

確實很矛盾，不過我可以說個小故事讓矛盾消失。假設露莘達一開始並不想吃櫻桃口味，是因為菜單上只有這一種水果口味。她心想：「說不定這家不擅長做水果口味。」在得知還有其他水果口味之後，她對店家恢復了信心。有了信心，她就可以選她真正最愛的口味：櫻桃。但唯有在菜單上有多種水果口味時，她才會選櫻桃。如果菜單上只有一種水果口味，她就會優先選擇咖啡口味。當下的條件，左右了她選咖啡或櫻桃的偏好。

我們來看看，這個先決的背景資訊是否有助於解開一些偏好悖論。首先我要介紹「遞移性」。

假如我喜歡蘋果勝於香蕉，喜歡香蕉又勝於柑橘，我肯定喜歡蘋果勝於柑橘。這表示偏好的關係是遞移的。很多關係都具有遞移性。如果梅納德比娜歐蜜高，娜歐蜜又比奧斯卡高，梅納德一定比奧斯卡高。相對於此，「親吻」就不具遞移性。如果梅納德親了娜歐蜜，娜歐蜜又親了奧斯卡，不代表梅納德親了奧斯卡。這差得可遠了。另外，儘管梅納德喜歡親娜歐蜜，娜歐蜜又喜歡親奧斯卡，不代表梅納德喜歡親奧斯卡。

假如你是理性之人，你的偏好應該具有遞移性，或者似乎有遞移性。經典的偏好悖論挑戰的就是這個「似乎」。假設如下：

我喜歡跟露西去看歌劇，勝過於獨自參加投資研討會。可是我喜歡獨自參加投資研討會，又勝過於和席德一起去看足球賽。這完全可以理解。我喜歡看歌劇，有露西作伴也很愉快。相較之下，我不愛看足球賽，而且和席德相處很彆扭。我應該喜歡跟露西看歌劇勝過和席德看足球，這樣才合理。但真的是這樣嗎？這下矛盾了，因為我可能還是寧願和席德去看足球，而不要跟露西去看歌劇。而且這是一個理性的偏好。怎麼會這樣？我們把問題精簡，馬上進入討論。

假如我喜歡跟露西看歌劇勝過參加研討會，喜歡參加研討會又勝過和席德看足球，那麼，要是我喜歡跟席德看足球勝過跟露西看歌劇，這合理嗎？

我們可以找到一些情況來支持答案為「是」，證明偏好似乎不具有遞移性。假設席德知道我是在跟露西看歌劇和跟他看足球之間做選擇，假設他說我自以為清高，品味高尚，我又很想反駁他。萬一我選擇和露西去看歌劇，就印證了席德的指控。因此，即便我喜歡跟露西看歌劇勝過參加研討會，喜歡參加研討會又勝過和席德看足球，我還是選擇了跟席德去看足球。這樣看來，理性的偏好未必具有遞移性。

也許偏好悖論根本就不是什麼悖論。也許偏好的遞移性跟「喜歡」、「愛」、「舔」沒有兩樣。別急著默認這個結論，因為你可能會破產。說得精確一點，假如我們的偏好不具遞移性，那麼理論上，我們身上的錢就會被別人吸走，直到吸光光為止，而且還一無所獲。要是你覺得這樣還沒關係，就真的是不理性了。這就是錢汞效應。以下告訴你，錢汞效應是怎麼運作的。

總的來說，我喜歡歌劇勝過研討會，喜歡研討會勝過足球賽，但我卻喜歡足球賽勝過歌劇，這違反遞移原則。聽歌劇、參加研討會、看球賽都要錢，姑且假設是花一樣的錢。假設我手上有足球票，你有研討會和歌劇的票。既然我比較想去研討會勝過於足球賽，想當然爾，我應該拿我的足球票換你的研討會票——而且還要付你一百元，因為參加研討會對我來說比看球賽有價值。交易完成，你拿到一百元和足球票，仍握有歌劇票。現在我手上有研討會的票。我們進入下一階段。

既然我想去聽歌劇勝過參加研討會，我應該準備好拿研討會的票跟你換歌劇票了，而且還要再付你一百元，確保你願意跟我換。我的確這麼做了。現在我拿到歌劇票，並損失了兩百元。你現在擁有足球票和研討會票，還賺了兩百元。我們進入最後階段。

由於我的偏好不是遞移的，我喜歡足球賽勝過歌劇，所以我理當準備好歌劇票和一百元，去跟你換你從我這裡得到的足球票。結果回到原點，我手裡拿著足球票，外加損失三百元——這可不妙。你回到握有研討會和歌劇票的狀態，還多賺了三百元和滿臉笑容。既然你手上有我偏好的門票，我們兩個就應該從頭開始交易，我的錢包被愈搾愈乾，直到我終於錢財散盡或神智清醒，要麼停止交易，要麼放下我那不可遞移的偏好。

錢汞效應讓我們看到，持有不可遞移的偏好是不合理的，除非這個人錢太多了，不介意當冤大頭。當然，如果一個人持有不可遞移的偏好，但是他很理性而且不想破產，他還是會拒絕交易。那麼我們就要問，拒絕的理由是什麼？因為偏好構成了很好的交易理由。假設偏好必須可遞移才合乎理性，我們又被拋回偏好悖論裡面了。

回到露莘達和冰淇淋口味的故事。我們認為露莘達從咖啡換成櫻桃口味並不合理，直到我們明白了背景資訊，即有沒有其他水果口味的關聯性。到了露西和席德的故事裡，一旦把偏好的背景資訊考慮進來，就帶我脫離了不可遞移的偏好，也脫離被搾乾的危機。一旦我們更具體地說明偏好內容，這道謎題自然就人間蒸發了。以下是我的偏好順序：

第一：和露西去看歌劇，不讓席德覺得我有優越感。
第二：獨自參加研討會，不讓席德覺得我有優越感。

如果這些都做不到，就只好：

第三：和席德去看足球，不讓席德覺得我有優越感。

比較差的選擇是：和露西去聽歌劇，且讓席德覺得我有優越感；和席德去看足球，但不知怎地，還是讓他覺得我有優越感。我能不能守住優先的偏好，端看當下是不是在露西歌劇和席德足球賽之間做選擇。如果是，而且席德也知道，那麼我就只好選擇可悲的第三偏好——但是再怎麼樣，總比拒絕席德，然後跟露西去看歌劇，讓他覺得我有優越感要來得好。

❄ ❄ ❄

在上述的討論中，我們認為理性的偏好是可遞移的。這下麻煩來了，當我們把每個人的理性偏好綜合起來考慮，便遇上新的難題，即使在個人身上可遞移也是一樣。以下舉一個投票偏好的例子。

亞伯支持減稅勝過提高海外援助，支持提高海外援助又勝過提高藝術贊助。
班恩支持提高海外援助勝過提高藝術贊助，支持提高藝術贊助又勝過減稅。
克萊姆支持提高藝術贊助勝過減稅，支持減稅又勝過提高海外援助。

綜合三位選民的偏好，可以看到減稅的支持度超過提高海外援助，為二比一。提高海外援助又超過提高藝術贊助，二比一。假如遞移原則成立，減稅的支持者肯定超過提高藝術贊助，也是二比一。然而，事實正好相反：提高藝術贊助的支持度是比減稅要高的，同樣有二比一。

矛盾的是，即便團體成員的個別偏好是一致的，也沒有一種公平和理性的方法，可以確保他們的偏好綜合起來也是一致。但這有什麼好訝異的呢？畢竟，就算同一個人的各種偏好組合分別一致，也不能保證綜合起來能得出這個人的整體偏好。再怎麼說，我們都是人嘛。

迷思27．瞪羚、樹懶和雞賽跑，贏的一定是哺乳類？

迷思4．被奶油麵包擊潰的意志力。

迷思9．民主是艘船，需要個好船長。

迷思27 瞪羚、樹懶和雞賽跑，贏的一定是哺乳類？

我們來談一個混亂的邏輯，至少是邏輯所造成的思考混亂。我打算誘騙幾隻搞不清楚狀況的動物來賽跑，從而搞定這個邏輯。這麼做是有理由的。參賽的動物有：一隻瞪羚、一隻樹懶和一隻雞。如此一來，我們就有兩種哺乳動物和一種鳥類。的確，這種組合幾乎是不太可能的。但是請注意，我們即將看到無懈可擊的邏輯。

比賽是公平的，動物們全都躍躍欲試，也沒有吃禁藥。好了，我們有絕對的理由相信瞪羚會跑第一，亦有絕對的理由認為樹懶會墊底——都說牠懶了——那麼雞就是第二名。讓我們把這個信念表達得更堅決一點。

我們堅信瞪羚會贏得比賽。我們知道瞪羚是一種哺乳動物，稍加推理之後，我們相信哺乳動物會贏。現在，假設莊家要賭的是哺乳動物是否勝出。若我們想押瞪羚勝出，就得押注哺乳動物。若我們確信瞪羚會贏，必然也確信哺乳動物會贏。

雞是鳥類，不是哺乳類。所以，若我們相信哺乳類會贏，自然等於不相信鳥類會贏。

現在思考以下：

前提一：若哺乳動物獲勝，那麼，若勝者非瞪羚，則勝者必為樹懶。

對於這個主張我們毫無疑問。如果，我是說**如果**，一隻哺乳動物贏得比賽，而且不是瞪羚，肯定就是樹懶。再怎麼樣，雞都不是哺乳類。接下來，我們絕對堅信：

前提二：哺乳動物會獲勝。

於是，我們應該要相信：

結論：因此，若勝者非瞪羚，則勝者必為樹懶。

然而，這個結論與我們的信念並不相符。我們相信，就算出了什麼意外，瞪羚並沒有贏得比賽，獲勝的也會是雞。樹懶肯定落後一大截，還在那邊懶懶散散地慢慢爬。

這個簡單的論證哪裡出了錯？

這個推理用的是「肯定前件」（modus ponendo ponens，縮寫為 modus ponens）的論證模式。一旦斷言了第一個前提中的「如果」為真，則可斷言結論為真。肯定前件是推理的基本原則，萬一非得承認它有時行不通，真的會是一場悲劇。以下說明肯定前件是如何運作的。

前提：如果閃電，就會打雷。
前提：閃電了。
結論：所以，會打雷。

結論是從前提得來的：如果前提為真，結論必為真。再看一組無懈可擊的推理。

前提：如果不提供雨傘，那麼，萬一下雨，賓客會淋濕。
前提：不提供雨傘。
結論：所以，萬一下雨，賓客會淋濕。

然而，同樣的模式，貌似無懈可擊的推理，到了動物賽跑卻得出矛盾的結論：如果勝者不是瞪羚，就是樹懶。這太詭異了啊！

一種解決方法是點出前提中「哺乳動物」的語意不清。哺乳動物意思可以是「某哺乳動物或其他哺乳動物」，講白點就是「隨便一隻哺乳動物」。但哺乳動物也可以指「一隻或一種特定的哺乳動物」，在本篇中即為瞪羚。我們認為前提二應被理解為「一特定的哺乳動物，即瞪羚，而非任一哺乳動物會贏得比賽」。但前提一若改為「若一特定哺乳動物，即瞪羚（而非任一哺乳動物）贏得比賽，那麼，如果勝者並非瞪羚，則勝者必為樹懶」，就不知道在說什麼了。由於前提一交代不清楚，我們就沒有理由接受最後的結論。

顯然上述方法無法解決這個悖論。我們認為瞪羚會贏，這個信念絕對支持一隻哺乳動物（任一）會贏的更普遍信念。假如我相信艾德格親吻了伊蓮，且我知道伊蓮是黑頭髮，那麼我當然應該相信艾德格親了一個黑髮女生。即便我的理由很瞎，我把伊蓮和澤爾達搞錯了，其實艾德格親的是澤爾達，但「艾德格親了任一個黑髮女生」這個信念仍有可能為真，因為澤爾達也是黑頭髮。

若要解決這個悖論，或許我們必須分辨清楚「論證的前提」和「我們接受、相信這些前提」之間是有差別的。是的，若前提一和前提二為真——若這兩個命題為真——那麼關於勝者的結論必為真。肯定前件的操作原理確實如此，這沒有問題。但是，如果我們接受前提一，這也沒問題嗎？

前提一：若哺乳動物獲勝，那麼，若勝者非瞪羚，必為樹懶。

我們相信並接受哺乳動物會獲勝，是因為我們相信瞪羚會贏。所以，當我們假定哺乳動物會贏，若接著又假定瞪羚沒有贏，就等於假定「若是」我們並不相信哺乳動物會贏的話會怎麼樣。如果把這個假定套用到其他前提，我們等於沒有充分理由相信前提二的「哺乳動物會贏」。因此，即便兩個前提的確可得出最後結論，即這個論證是有效的，卻不代表我們應該接受這個結論。

我們把話講得誇張一點，好突顯論證是怎麼出錯的。我們堅信瞪羚會贏，萬一牠沒贏怎麼辦？這問題變得無法理解了。這就好像在問：如果瞪羚贏了但牠又沒贏，會怎麼樣？

這個悖論並不是要告訴我們，肯定前件的形式邏輯（formal logic）是謬誤的，而是告訴我們，邏輯學家口中的前提、結論及其關聯，和理由、信念及其關聯並不相同。邏輯的形式化有時並沒有所說的那麼好。

❄ ❄ ❄

假設我們發明一個新物種：「雞羚」，只要是雞或瞪羚都歸於此類。我們相信瞪羚會贏得比賽，所以，我們就應該相信有隻雞羚會贏得比賽。現在，我們來進行一個類似於哺乳動物的論證。

前提一：若雞羚獲勝，那麼，若勝者非瞪羚，則勝者必為雞。

前提二：雞羚會獲勝。

結論：所以，若勝者非瞪羚，則勝者必為雞。

在這個例子裡，我們是相信結論的。可是當我們在解釋原因時，不能單純說這是一個有效的肯定前件論證，我們相信兩個前提分別都為真。畢竟，哺乳動物的論證也看得到同樣的特色，卻說服不了我們相信結論。

為何雞羚的論證就被接受呢？因為，如果我們假設勝者不是瞪羚，我們依然相信雞羚會贏，無損於這個信念。可是在哺乳動物的論證中，假設勝者不是瞪羚，我們就很難相信哺乳動物會贏。哺乳動物的分類轉移了我們的注意力，跟這個論證以及我們對參賽動物的信念毫無關係。雞羚的分類才是專門為這個論證而設計，是有關係的。

當前提為真，並得出真實結論時，論證便算是健全。但是我們是否**相信**結論，要看我們是否相信前提。笑話好不好笑，看講的人怎麼說；你會做出什麼事，看你怎麼做；而我們相不相信結論，要看我們能不能相信前提。

- 迷思18・因為小熊是粉紅色，所以青蛙是綠色？
- 迷思2・原來是驢子啊，我還以為是山羊呢！
- 迷思11・消失的山羊。
- 迷思14・灌輸和教育的差異是？

迷思28 嚴刑峻法有什麼不好？

在一個遠得要命的王國裡，從來沒有一個人犯法。不，不是因為這裡沒有法治。這也非刻意誤導的語句，暗示有人犯法只是沒被發現。這片國度——遠得要命王國——的老百姓，人人守法。從來沒有人違規停車，沒聽說過任何逃稅情事。無人偷盜，無人謀殺。夜不閉戶，行經暗巷也不用害怕遇襲。這是一個理想國度，遠得要命的理想王國。

這是一個遠得要命的王國，之所以無人犯罪，不是因為老百姓天生守法，也不是因為他們衣食無缺。這裡也有人想逃稅、超速、詐騙；這裡的青少年也想在街上找幾個無辜路人搶劫，找點樂子；這裡也有人看幸運的有錢人眼紅，想順手牽羊；也有人也想出去吃飯順便抽根菸。

是的，犯罪不是不可能，除非發生以下情況：那些有犯罪傾向的人不願意冒被抓的風險。這不是因為相關單位有百分之百把握逮到他們。的確，「可能會被抓」是評估是否值得冒險犯罪的一個要素。另一個要素，則是權衡不幸被抓時的處罰輕重，和僥倖逃過時的報酬。

在這個遠得要命王國裡，犯罪的下場非常悽慘。這裡實施嚴刑峻法，就算犯下最小的罪行也要酷刑伺候。假如有人蓄意違規停車，全部財產立刻充公。假如有人蓄意超速，要被綁在肢刑架上折磨個好幾週。小偷會被嚴刑拷打好幾個月，搞到斷手斷腳為止。膽敢謀殺就終身折磨你，連你摯愛的親人一同受罪。至於公共場合抽菸，你就等著被燒死吧，就像幾世紀前的女巫那樣。

有人可能覺得這種處罰太嚴厲了。可是跟它所帶來的好處相比，真的過分嗎？好處就是犯罪會絕跡。再者，這些處罰永遠不會發生。刑罰的嚴厲程度確保其永遠不會執行。

零犯罪的遠得要命王國到底錯在哪裡？

為何我們不效法遠得要命王國，實施嚴刑峻法呢？

答案很明顯：太殘忍了，我們怎麼受得了？想一想，那些執法人員要有多殘暴，才能做到嚴刑拷打、斷人手腳？對於這個疑問，也有簡單的回應。這些刑罰實在太重，以致於每個人都守法。因此，事實上那些刑罰永遠不曾真的實施。我們假設——暫時假設——這種刑罰能百分百嚇阻犯罪。但是即便在這個假設之下，人們仍可能反對這種重罰制度。

邊沁認為懲罰是一種惡。懲罰，就是讓犯罪者受苦，否則就不叫懲罰。然而，施以任何不必要的痛苦，都是錯誤的。因此，以最小的痛苦達到最大的嚇阻作用，才是最好的懲罰。遠得要命王國的司法當局很清楚這一點，所以將刑罰設定在剛剛好、確保絕對嚇阻犯罪的程度。沒有人需要經歷這種恐怖的酷刑，這有什麼不好？

有人會回答，這種殘暴的懲罰方式，本身就為道德所不容。即使這個回答有道理，但是，為了在這個零犯罪、零懲罰的國度中生活，忍受一點違反道德的懲罰制度也不過是個小小的代價。於是又有人回答，光是準備好實施這種刑罰，本身就是一種邪惡，連準備好都不應該，也沒有人會準備好。再一次有人反駁，這種惡跟它的好處相比，根本微不足道（如果確實微不足道的話）。於是我們還要再問：從重刑威嚇根本無效的現實來看，還有必要做這種準備嗎？

在這樣一個施行「理想」刑罰的國度，難道找不到一個理由極力反對他們的做法嗎？比方說比例原則？超速肯定不用到斷手斷腳吧。這個遙遠國度的百姓又會怎麼說呢？

然而我們又對比例原則知道多少？比例原則跟「一報還一報」有關，但很少人真正理解。再者，我們根本不需要擔心比例原則，因為在我們的假設中，這種刑罰不可能執行。

❄　❄　❄

我們的假設是，這裡的嚴刑峻法具有絕對的嚇阻作用。只要證明是否可能達到絕對嚇阻，就能從實證與實際的觀點去反駁。我們進一步重新探討這個問題。

有些犯罪行為發生在加害者情緒失控或失去理智的情況下。因此，即便所有的人民都清楚法律和刑責，難免因為一時激憤、走投無路、精神錯亂而鑄成大錯。飢餓的遊民就是一例，一旦飢餓難耐，就只好去偷。遠得要命王國之所以沒遇到這個問題，是因為他們滿足了人民充分的基本生活需求。

可是，滿足生活需求無法解決另一個問題，就是人的嫉妒心。一旦嫉妒心無法遏抑，便要謀殺同夥人。生活需求無虞也無法阻止精神失常的人虐童。然而，這類情況都不構成懲處。為什麼？因為還要考慮可減輕刑罰的情節。心智不健全就屬於減輕情節，嚴重時，當事人可能根本不知道自己在做什麼，還會失憶。

上述的推理是基於一個假設：假如實際有人犯法，必然涉及減輕情節。因此，任何刑罰或是重刑皆不會發生。這個推理和約瑟夫．海勒（Joseph Heller）所寫的《第二十二條軍規》（*Catch-22*）有異曲同工之妙。他在著作中描述，只要以精神失常為由提出申請，就可以不用參加危險飛行任務。然而一旦提出申請，則證明了自己沒有精神失常，所以根本也不可能提出申請。換句話說，如欲成功申請懲罰——構成犯罪——當事者必須本人蓄意為之，且精神正常。可是，一旦去申請懲罰，又不像是蓄意和精神正常的行為，所以不可能有人申請。

我們不要妄下斷言，說遠得要命王國的老百姓就可以因此以「心智不健全」等藉口，放心為所欲為。因為打從一開始，政府就可能保密周到，不讓人民知道可以這樣，或者至少他們並不確定犯了罪是不是一定構成逃避刑罰的標準。再者，我們可能都曉得，以心智不健全為由逃避刑罰的人，下場就是被送進精神病院，誰想要這種結局啊？

當然，制定這種嚴刑峻法，老百姓可能要承受不安全感，活在恐懼裡。他們害怕自己一不小心犯法，或者害怕被重刑伺候或送進精神病院。即便如此，與嚴刑峻法所帶來的好處相比，這種缺點應該還好吧？想想看，在那些搶劫、偷盜、槍擊等犯罪猖獗的社會裡，安分守己的老百姓又是承受著什麼樣的不安全感。

遠得要命王國裡施行的完美刑罰也許看來荒謬，不過，說也奇怪，跟這個類似的情況卻被某些人——我是說**某些人**——所接受。這些人堅持，我們若不服從上帝的諭令，就要面臨永恆的折磨。假如有任何懲處方式不符合比例原則，肯定就是這個了。如果，在遠得要命王國裡可能會遭遇的恐怖刑罰，就足以令百姓的生活蒙上陰影，那麼對永恆折磨的恐懼，又要給人們帶來多大的陰影？

當然，多數信徒都活得好好的，沒有因而蒙上陰影，就連這把神聖永恆的達摩克利斯之劍*懸在頭上，也過得好好的。但少數信徒仍犯下偷盜、詐欺、傷害或謀殺之罪，與其他沒有信仰的犯罪者並無二致。也許這暗示了，無論實施多麼恐怖的嚴刑峻法，零犯罪的遠得要命王國終究是神話裡才存在的國度。然而，一定是如此嗎？

迷思9．民主是艘船，需要個好船長。

迷思20．慈悲之於正義，到底是調和，還是干預？

迷思7．誰要買穩賠不賺的瓶中精靈？

＊譯注：達摩克利斯（Damocles）是西元前四世紀的人物，是義大利敘拉古（Syracus）的僭主狄奧尼修斯二世（Dionysius II of Syracuse）的寵臣。一日他奉承狄奧尼修斯，讚揚他何等幸運擁有如此至高權力。狄奧尼修斯便提議與他交換身分一天，讓他也嘗嘗這個滋味。達摩克利斯接受了，享受著美食佳餚、美女環繞。直到一天快結束，達摩克利斯才發現頭上懸著一把利劍，這才明白權力之下處處危機，便向僭主求饒，說他不要了。後來就以達摩克利斯之劍比喻隨時可能大難臨頭，無時無刻都要戰戰兢兢，如履薄冰。

迷思 29

全知的上帝到底知多少？

「你們知道——我當然知道，我是全知的上帝啊——你們只是提供了這個機會，讓我在哲學書裡現身，還把我用悖論和神祕纏好纏滿。沒錯，我很神祕，許多方面都超出人類的理解範圍。難怪你們會覺得矛盾，我是如此全能又慈愛，為何人世間仍充滿苦難。但是我們現在沒有要討論這個矛盾，這我可以預言。」

「我很高興，非常高興，你們沒有要在不可移動的石頭上面鑽牛角尖。你們有些人堅稱這是一個矛盾，假如我能創造出一顆不可移動的石頭，我就不可能移動它；假如我能移動它，我就不可能創造出這種石頭。無論哪一種情況，都證明了我不是全能的。但是，人類啊，你們現在應該明白了，就算做不到邏輯上不可能的事，也無損於我的全能，因為邏輯上不可能的事，本身就是胡謅、沒有意義。會抱怨我沒有能力移動一顆不可移動的石頭的人，想必也要抱怨我不能『這個』、不能『那個』。『這個』、『那個』到底是什麼，幹麼不說清楚、講明白？『移動不可移動的石頭』又是什麼？這樣你們懂我的意思了吧。」

「我清楚得很，你們就是在找碴兒，不相信我無所不知。好啊，放馬過來，看你們會搞出什麼混亂。當然，我也早就知道你們的能耐，因為我真的無所不知。」

上帝知道什麼事？

據說上帝是全知的；祂知曉一切。這句話立刻涵蓋了一個前提：祂知曉一切邏輯上祂可能知曉的事。我們通常認為上帝是無形的，完美無暇。可是說來奇怪，有些信徒又說上帝看到人類的不道德，便可體驗並知道嫉妒和痛苦的感受。我們很難理解，上帝這個完美的存有如何能以那種方式感受痛苦，還能知道這種「很個人」的感受。據信，上帝至少不會感到恐懼、緊張，或體驗到幸災樂禍的感覺。或許，上帝可以從智力層面、旁觀角度得知這些情緒和感覺：祂可以想像，或者觀察人類行為如何被影響，從而得知這些感覺。但是這種「知」，和人類透過經驗而得的「知」，畢竟不同。

許多人對於上帝能預知這件事感到困惑。有人因此而認為，如果上帝知道你即將做什麼，你就不是自由行動，這種觀點其實是誤解。比方說，如果上帝知道你會到耶路撒冷，而祂之所以知道，因為是祂決定讓你去的，就證明了你不是自由前去。但是，如果上帝僅僅是知道你會到耶路撒冷，只因為祂可以看到你的未來，就沒有干涉到你的自由。

會誤認為上帝的預知必然干涉人的自由，也許是基於以下理由。先來看一個常見的類推錯誤。如果你在思考，這必然可推得你存在。這沒有問題。可是這不代表，如果你在思考，就可推得你必然存在：這並不代表你的存在是必然的。你可能從未存在過（如果你爸媽從沒做那檔事），因此也無法執行思考。我們必須區分這兩種「必然」，一種是思考和存在之間的必然，另一種是存在是必然。區分清楚之後，我們就來解釋上帝預知的謎題。

若上帝知道你即將前往耶路撒冷，必然表示你會前往耶路撒冷。這沒問題。但是，這不等於你必須要前往耶路撒冷：不代表你不能不去。如果A必可導向B，不代表B必然要發生。如果水結冰了，必然表示水不可能正在沸騰。但是，這不代表水一定要結冰以及水不可能正在沸騰。同理，上帝可以預知行為，不代表這些行為一定要發生。你還是可以自由選擇要不要去做，只不過上帝早就知道你的選擇。

＊　＊　＊

上帝預知的疑惑還是沒有解開，因為還有一個疑惑：上帝為何能預知與時間有關的事件？如果上帝是永恆、超越時空的存在。上帝通常是這樣被看待的，因為，假如祂存在於時間和空間裡，又怎麼能創造時間和空間呢？難度未免太高了，我們很難理解。

如果上帝存在於時間之外，祂好像不大可能擁有人類所擁有（或似乎擁有）的這種知識。舉例來說，我們知道今天吃早餐已經成**過去**，我們**現在**正在讀一本書，**未來**有一天，我們會去大馬士革。有人可能會回答，上帝知道永恆不變的事實，祂知道事件永遠會以何種順序發生，祂知道我們就是先吃完早餐，然後讀書，然後去大馬士革。雖然上帝不可能像我們這樣，知道大馬士革之行是發生在未來，但祂可能知道，這趟旅行永遠發生在二〇二〇年。祂可能知道，史賓諾沙（Spinoza）永遠會在一六五六年被逐出教會，在一六七七年過世。也就是說，祂知道永遠會在哪一天發生什麼事實，包含發生的日期在內。

即便上帝可能擁有這種永恆知識，可能知道確定日期會發生的事件——而我們可能質疑上帝是否掌握對「前」、「後」的理解——祂的知識形態仍與人類不同。我們知道，我們心裡想的是**今天**的早餐，而閱讀是發生在**現在**。倘若你不處於時間之內，肯定無法意識到什麼被視為**現在**而非**當時**。意即，你必須處於時間之內，才可能擁有與時間相關的索引知識，因為這種知識必須站在特定的時間點方能理解。

不光是無法擁有時間上的索引知識，假設上帝超越空間、處於空間之外，祂也會缺乏**這裡**和**那裡**的索引知識。如果上帝處於時空之外，祂不大可能知道從某個視角看事物是什麼樣子，不大可能知道東西是在這裡而非那裡。祂不可能像你一樣，經驗到這本書離你較近、桌燈離你較遠，從而知道這個事實。祂沒有肉身，不可能像你一樣，知道自己在揮揮手，以及早上起來知道自己躺在別人床上。

一個超越時空的永恆之神，在理解人類的索引知識時遭遇了困難。而我們人類在理解上帝的本質時，自然也遭遇了困難。上帝想像中的有限時空裡的生活是什麼樣子？祂可以化身人類去做什麼事？對於這兩個問題，倘若我們有任何理解，也是不確定的理解。雖然上帝不可能變成你，不可能經歷你的經驗，或許祂可以透過某種想像，得知你的經驗是什麼樣子。

關於上帝的知識，很難達到一個定論，因為一個永恆、無形、全知、全能的存有，這個概念太難理解。這樣的存有不是你我經常可以遇到的——至少我們大部分人都沒見過。然而，假設有一個無所不知的存有，祂知道宇宙中**所有**真理，而這是可以理解的。所有的真理在數量上必然無限多，因為自然數（如：一、二、三等）的數量是無限多的。於是乎，上帝的知識也必然無限多。但是，比自然數集合還要大的無限集合是可以被描述出來的（見〈迷思31〉），那麼我們甚至於可以說，上帝的知識肯定會無限擴展下去，涵蓋比無限多還要更多、更多、更多可知的真理。

我們還是把這道謎題交還給上帝吧。

如果你問我，我會馬上告訴你，我的神祕無限深奧，你永遠無法理解。

迷思30．一大朵哲學疑雲，凝結成一滴文法問題。
迷思31．無限大到底是多大？有比無限大更大的嗎？
迷思28．嚴刑峻法有什麼不好？
迷思20．慈悲之於正義，到底是調和，還是干預？

迷思30　一大朵哲學疑雲，凝結成一滴文法問題。

哲學家老愛講瘋話，這是眾所皆知的事。下面這段話，至少其中一小段話，許多人（包含哲學家在內）聽了，肯定又要說哲學家起肖了。

> 我能知道別人在想什麼，而非我在想什麼。「我知道你在想什麼」這句話是正確的，「我知道我在想什麼」是錯誤的。

這句話源自於一位天才哲學家，我們在〈序言〉已經介紹過他，他就是維根斯坦。這段話表面上看起來顯然有錯，但他為什麼要這樣說？我在想什麼以及我在思考，是我唯一能知道的事，這當然沒問題。雖然我們總是一副能猜透別人心思的模樣，但我們真的可以清楚確切地知道別人在想什麼嗎？我們有可能知道別人正在思考嗎？這裡用「思考」兩字，不過討論範疇可包含一切意識經驗，如感覺、希望、恐懼，以及思考。再怎麼說，我們不可能走進他人的心智。就我所知，「他人的心智」確切來說可能並不存在。

笛卡兒，這位十七世紀初的「現代哲學之父」，讓懷疑論得以發聲。他懷疑除了自我的存在和自我的經驗，他一無所知。最終，他透過證明（或他認為）上帝存在，從而解決了這個難題。因為上帝存在，因此外在世界和其他人確實存在；上帝不會欺騙他，上帝不可能誤導他去相信此事，且此事是無庸置疑的。在他轉而相信上帝存在之前，他是個「唯我論者」，主張自我和自我經驗是唯一的存在。

即便到了今日，我們以常識來看，我們確定實質物體的確存在，確定奶油和大腦存在，確定山脈和季風存在。但是，是否存在其他有意識的存有，我們仍持懷疑。我們僅能看到別人的行為，但體驗不了別人的經驗。當我正在撰寫這段文字時，我自然假設是寫給其他有意識的存有看的。好啦，可能，只是可能啦，總有幾個人正在閱讀這段文字吧。

羅素在其著作中曾經表態他相信唯我論。一位美國女士寫信給他，說她很高興得知他是個唯我論者，因為「我也是」。讀到這裡，假如你發出會心的一笑，你就明白唯我論是怎麼一回事了。當然，這位女士究竟是真的傻還是在諷刺，我們就不得而知了。

我們遭遇了一個難解的衝突。我們到底該相信笛卡兒，還是維根斯坦？

我可以知道我在想什麼嗎？我可以知道別人在想什麼嗎？

讓我們從意識經驗的角度來探討第一個問題。笛卡兒是這樣說的：我可能會搞錯我的腿有沒有受傷，搞錯無花果、農場和魚是否存在——這些可能只是我憑空想像的事物——即便如此，至少我知道，在我意識到的範圍內，我的腿受傷了，而無花果、農場和魚都存在。在我意識到的範圍內，我不會錯。

維根斯坦的回應是，唯有懷疑有可能發生，我們才能擁有「知」。我不可能在當我感到疼痛時才開始懷疑我是不是搞錯了。因此，維根斯坦認為，我不可能知道我正在疼痛。但這句話可以當成笑話來講（沒想到哲學家的幽默也不過爾爾），或者當有人質疑時，拿來強調我真的感覺疼痛。在「我感覺疼痛」前面加上「我知道」，並沒有額外說明我和疼痛之間的關聯。「我知道我感覺疼痛」與「我不知道我感覺疼痛」這兩句話都是謬論（假設「我知道」是一般理解的意義）。同理，「美德是黃色的」和「美德不是黃色的」也都是謬論，除非後者是說來解釋美德不是可用顏色形容的實體。

當我們要正確地談論人們知道或不知道一件事（以「知道」的一般意義來看），很自然要談到證據，談到他們所見、所聞，以及他們是證實、猜測或假裝的。但是我拿不出證據說明我感覺疼痛，也拿不出證據說明我對天氣的**想法**。我可以猜測天氣會如何，卻無法猜測我現在的想法。我可以懷疑自己的腿是不是斷了，卻無法懷疑它痛不痛。

當然，「知道」也可用在其他意義上，於是我們便需要釐清「知道」的意義。當人們邊嘆氣邊說：「唉，戰爭就是戰爭。」他們並不是在說戰爭就等於戰爭這層字面意義。他們是在表達一種感覺：戰爭是齷齪的這個事實，既無法改變，也令人無奈。

或許，在「我知道我在思考」或「我知道很痛」這類的表達中，「我知道」是一種強調，強調對自己某種心理狀態的特殊權威性。我們姑且稱之為「特權」用法，好跟一般用法或者說「證據」用法相對。就「特權」用法來看，維根斯坦和笛卡兒應該可以同意我們知道我們在思考、覺得疼痛等等。關於這個問題的爭論到此結束。就「證據」用法來看，笛卡兒可能誤以為自己知道自己正感覺疼痛。

那麼，另一個問題該如何回答？我能知道別人在想什麼嗎？持懷疑態度的人會說「不行」，但是，再一次，我們必須釐清「知道」的用法。「知道」的證據用法，要求懷疑要有可能發生，因此，「我知道別人在思考」以及「我知道別人在想什麼」至少是有可能發生的。矛盾的是，之所以**可能**發生，是因為我們對這類事情**有可能**弄錯。當然，這不代表我們總是能提供證據，說明我們知道別人在想什麼、他們在想像什麼、他們是否覺得疼痛。

就特權的用法上，我們當然無法知道別人在想什麼。這是邏輯問題。這可以歸結到一個事實：你感覺疼痛不代表我感覺疼痛。你腦子裡在進行關於維根斯坦的思考，這不代表我腦子裡也有一個關於維根斯坦的思考，更不代表我腦子裡的思考跟你的是同一個。不過，我們不要因此就妄下結論，說從證據上來看，我不可能知道你在想什麼，或從證據上來看，我不可能知道你是不是正感覺疼痛。因為，要是對方向你敞開心扉，你就會清楚他在想什麼、他在經歷什麼樣的痛苦，或者他正為了什麼感到快樂。當然，他的想法不是你的想法，他的痛苦不是你的痛苦，他的快樂不是你的快樂。但是這些感受你也都有，某種程度上可以體會他的痛苦和快樂。

「但我並不是直接知道他的想法和感受。」有人可能會這麼說。但是，「直接」知道他的想法和感受又是什麼？就「知道」的證據意義上，連我直接知道自己的想法和感受都是無稽之談。就特權意義上，我得變成他，主觀表達這些想法和感受才行，這怎麼可能？

➢

維根斯坦本人為自己觀點做了總結，非常濃縮的總結：這些觀點是「一大朵哲學疑雲凝結成一滴文法問題」。「文法」在這裡指的是「邏輯」，事實上是邏輯問題。然而這個說法並不能滿足我們。即便邏輯上我不可能體驗你的想法和感覺（一模一樣的同一個想法和感覺），卻可能以悵然若失的形式體驗那種不可能性：「要是我能讀取你心裡的想法就好了」。

只因為我沒有讀取你的想法和感受的特權，如同我對我的想法和感受那樣，就對這種失落感到沮喪，這是荒謬的。就好像覺得三角形要有四個邊，或者我感到一絲歡喜卻又不確定感到歡喜的人是不是我，一樣地荒謬。

迷思19．草泥馬也會談戀愛？

迷思6．謙虛的老鼠，比傲慢的貓還傲慢？

迷思11．消失的山羊。

迷思31 無限大到底是多大？有比無限大更大的嗎？

在某個節日裡，我和一個同伴去旅行，路上看見一些女僕在擠牛奶，還有一些勳爵在那兒跳來跳去。「我敢說，女僕的人數和勳爵一樣多。」我說道，但其實我對這種節慶該有的人數一無所知。「我說不一樣多。」我的旅伴回答。

我們決定打賭，準備開始數人頭。但我的同伴說，我們可以把女僕和勳爵兩兩配對，萬一最後有女僕或勳爵落單，就證明他們的人數不同。

這件事理論上很容易，實際操作起來卻很難。別忘了，他們正在擠牛奶和跳來跳去。不過最終我們還是做到了，然後，想當然，我輸了。我們發現，最後有幾個勳爵還在那邊跳來跳去，沒有和女僕配對。顯然勳爵的人數比女僕多。我以為故事就該這麼結束，沒想到我的同伴，一個四處旅行的數學家，發現我數學很糟糕，臉上露出愉悅的笑容。

「當然了，」她笑著說，「如果你有一組東西，拿掉其中幾個，剩下的數量肯定比原本的數量少。」

我欣然同意，這點知識我懂啊。

現在，她要我思考整數，一、二、三、四、五等等，接著說把奇數拿掉。我若無其事地回答，剩下的偶數，二、四、六、八等等，數量一定比原本的整組數字（一、二、三、四、五……）要少。「……」代表「以此類推，無窮盡」。

「錯！」瞧她開心的，簡直是得意忘形。「你看，把包含奇數和偶數的所有整數分別和偶數配對，可以無窮無盡地配對下去。」

自然數	偶數
1	2
2	4
3	6
4	8
……	……

「矛盾的是，偶數的數量和奇數偶數加起來會一樣多。如果女僕和勳爵的數量分別是無限多，女僕的數量和女僕勳爵相加的數量仍會一樣多。」

我終於懂了。雖然偶數集合只占了奇偶數集合的**一部分**，但偶數集合的大小卻和奇偶數集合一樣大。我的同伴運用「配對」、「一對一」、「對應」的方式，讓我明白了這一點。她告訴我，假如至少存在某種順序，使得兩個無限集合**可以**兩兩配對，沒有餘數，那麼這兩個集合就是「等勢」的，即數量均等。

基於同樣的理解，平方數（一、四、九、十六……）以及立方數（一、八、二十七、六十四……），它們和正整數（一、二、三、四……）以及許多其他的序列，在數量上都是相等的。

「真有意思，」我打了個呵欠，「但是無限大就表示無止境，所以這些序列肯定可以配對。不可能找到比無限大還大的東西了。」

同伴臉上詭異的笑容，說我又錯了。

「有些無限集合大於其他無限集合。」她說，而我則是一頭霧水：

可能有比無限大還大的東西嗎？

這個問題的意思是：「東西的數量有可能超過一個無限數字嗎？」有人立刻會跳出來說「有可能」，而這個人就是偉大的數學家康托爾（Georg Cantor）。他發展出「超限」數學，探討各種不同大小的無限集合。

將某些集合和序列中的項目與整數的無限序列（一、二、三、四、五……）互相配對時，會餘下一些項目未能配對。以下舉零到一之間的小數（「實」數）為例，它們的數量是無限多的。

有一種小數，是由二分之一、四分之一、八分之一……這類的分數轉化而來，表示為0.5、0.25、0.125……它們的數量是無限多的。還有一種是循環小數，由三分之一、六分之一這類的分數轉化而來，如：0.333…、0.16666…，這兩個顯然是無限小數。另外還有其他種類的小數，例如：二的平方根減一（$\sqrt{2}-1$）等於 0.4141…，它也是無限小數，但無法以分數表示。

現在，把這種無限小數以任意順序排列，並且和自然數一、二、三、四等配對。以下是隨意分散的排列組合，數字當中的粗體字，我們稍後再解釋。

自然數	小數
1	0.**3**333...
2	0.1**4**28...
3	0.12**5**0...
4	0.414**1**...
……	……

小數的無限序列可以無窮無盡地一路往下填寫，並且和自然數的無限序列進行配對。無論你寫下哪些小數、以何種順序，總是會有小數被你遺漏、未能涵蓋進來。只要把上表對角線上的粗體數字取出，組成新的小數，並以系統性的方式加以變化，就可以發現一些「遺失的數字」

對角線的粗體數字依序取出、不加以變化，可得出新的小數 0.3451...。我們知道這個數字很有可能會在序列的後面出現。假設我們稍做變化，創造出一個「多餘的數字」：

對角線的粗體數字中，只要出現「3」，就以「1」取代，不是「3」的數字，一律改為「3」。

開始吧，第一個得出的多餘數字是0.1333…。我們可以確定這個小數不在原本的無限序列裡，因為這個遺失的數字與表中第一行數字不同，以「1」取代了粗體「3」，與第二行數字也不同，以「3」取代了粗體「4」，以此類推，沿著對角線的粗體無限類推。改採其他置換方式，可以創造出更多遺失的數字。儘管自然數也是無限多，但從數量來看，零與一之間的小數集合肯定比自然數集合還要大。

❄ ❄ ❄

都說無限了還有大小之分，聽起來很矛盾。但是我們要知道，我們討論的是抽象實體以及比較它們的方法。畢竟，西洋棋規定主教只能走斜線，這與現實中的主教沒關係，也不代表刻了「主教」的一塊木製品就只能這樣移動。的確，無限的概念可以應用於現實世界，卻不乏應用上的謬誤。讓我們回到一開始討論的、與自然數序列（一、二、三……）一樣大的無限序列，來看看什麼是謬誤的應用。

歡迎來到希爾伯特大飯店（Hilbert's Hotel），這個悖論是由傑出的德國數學家大衛・希爾伯特（David Hilbert）所提出。希爾伯特大飯店有無限多間客房，編號一、二、三……以此類推。所有客房都有人入住。

這會兒，有一個旅客走進飯店。說來矛盾，無限派的數學家堅稱他有房間可以入住。只要把一號房的客人換到二號房，二號房的客人換到三號房，以此類推，可以永無止境把客人換到下一號房，畢竟客房無限多。一號房就可以空出來給新客人。

就算有無限多個旅客同時抵達，安排入住也不成問題。一號房的客人移到二號房，二號房的客人移到四號房，三號房的客人移到六號房，以此類推。無限多的單號房可以空出來給無限多的旅客入住。

但是，**客滿**的飯店，怎能容納新客人呢？處理無限的問題時，「全部」和「大小」不能用一般概念來理解。至於一間「無限大飯店」又是怎麼一回事，這……

想像有個叫做史蒂芬妮的人，正筋疲力竭地跑完一千五百公尺賽事的最後幾公尺。她從一千五百公尺遠的地方出發，現在正喘吁吁地倒數著最後幾公尺：三、二、一。這沒有問題。但是，如果想像史蒂芬妮（或任何人）從無限公尺遠的地方出發，現在正喘吁吁地倒數著三、二、一，這就有點荒誕了。

我們無法跑完無限公尺長的距離，原因不僅是體能上的限制。我們建造不出希爾伯特大飯店，原因不僅是工法困難或材料取得不易。可以說，把抽象的無限序列概念應用在飯店、女僕和勳爵的現實世界中，自然是要產生悖論的，沒什麼好訝異。

迷思7．誰要買穩賠不賺的瓶中精靈？
迷思15．小丑的宴會。
迷思29．全知的上帝到底知多少？

迷思32 長生不死到底是好事還是壞事？

太多好事未必是好事，據說是這樣。但是，如果這好事指的是生命，許多人應該就不介意太多——比太多還要多更多也沒問題。許多人追求長生不死，確切來說，許多人盼望的是長生不死的**可能性**。

渴求永生不是如宗教所描述的，渴求超脫於肉體之外的永恆存在，而是指追求具體的不朽生命，並且就活在這個地球上，或移動到另一個星球上繼續生存。當然，要是發生了極悲慘的災難，即使最醉心於求長生的人都想快點死。但是，假設這種災難不會發生，大多數人總是希望多活幾年而不是少活幾年。如果說，多活幾年不該是無限多年，許多人一定覺得沒道理。無限生命指的是沒有盡頭的生命，這不就是許多人心心念念的東西嗎？

「但願能長生不死就好了。」

菲莉絲很享受她的人生，她沒有理由認為壞事會發生。她冰雪聰明、嫵媚動人、沉著冷靜，收入又高，一切都很完美。「但願我的生命不要結束就好了。但願我不會停止存在就好了。」她嘆息道。

「那就喝下我的長生不老藥吧。」一個臉上皺巴巴的老頭子抿著嘴、含糊不清地說。這個老頭子坐在遍地塵土的蒙古市集中，嘴裡幾乎沒牙，大概也不知肥皂為何物。他指著一瓶藥水，用目光打量了菲莉絲。她顯然是個不走熟路、岔到這偏遠地方的觀光客。

菲莉絲是位理智的女性，她大可不理會這老頭子，把他當怪咖、賣蛇油的，那瓶藥水一定沒效，沒效就算了說不定有副作用。不過，故事是我在說，這樣發展就沒戲唱了。在這個故事裡，老頭子不是怪咖，菲莉絲也知道這瓶藥水真的有效。畢竟，有朝一日，人類可能透過遺傳工程或醫療技術達到長生不死。這個想法並沒有明顯抵觸現實。

「好啊，」菲莉絲答得眉開眼笑，「但你自己為什麼不喝？」

「你怎麼知道我沒喝？」老頭子答道。

「可是，如果我會變得年邁體衰，沒牙齒又不洗澡，那我才不想長生不死。」

「你放心，這瓶藥水會讓你永遠停留在喝下它的年紀。你會是永遠的二十七歲，如果那是你想要的。」

一聽到「二十七歲」，菲莉絲心花怒放。接著老頭子跟她保證，幾世紀後她若改變心意，也不會被困在永生之中。這瓶長生不老藥附有解藥，可以解除功效。於是，菲莉絲雙手把錢奉上，興致勃勃地喝下藥水。現在，問題來了，未來到了某一個時間，菲莉絲會喝下解藥嗎？理智的人一定不會有活夠了的那一天嗎？

長生不死對我們而言是好事嗎？

被問到這種俗世永生的價值，人們當下的反應往往很強烈。對許多人而言，永生對當事人（永生者）**可能**是好事，對其他人則不是。為了評估這種回應的正確性，我們需要從永生和存活者的角度去釐清原因。

一種永生的情況是我們失去意識，陷入永無止境、深沉無夢的睡眠中。這種情況下，想求長生的人得不到想要的，想逃避生命的人倒是不需面臨恐懼。人所追求或想逃避的生命，是帶有意識的，可能有某種心理延續性在運作。這並不代表一個不朽生命必須記得一切，才能擁有這個寶貴的永生。但是在最低限度上，他們需要某種自我意識，知道自己作為一個延續不斷的自我而存在，有著記憶和計畫。低於這種限度的永生，絕不會是這位追求永生的菲莉絲所想望的。

永生可能要求充分的意識，但它的永恆性卻是藉由同樣事件的反覆發生來達成。你周而復始地過著同樣的生活，從零歲到八十歲，對於人生反覆重來毫無覺察。當人們渴望永生時，他們要的無限生命通常不是這種樣子的。

我們想要的永生，是我們能夠意識到自己的生命不斷延續，經歷與原本生活不同的經驗——我們可能知道自己是不朽的——然而我們還是原本的自己，那個神祕的自我。如此這般，又出現了哪些問題呢？

其中一個問題是，這種長生不老藥能不能防止我們因意外或生病而死亡，能不能避免我們受到重大傷害？如果能，那麼不朽的生活勢必和有限的生活大相逕庭。我們不用再擔心馬路危險、核子戰爭和餓死，一些概念如「勇敢」、「安全」之應用會大為不同，我們對他人的關心也會產生變化。而且，我們的血液、骨骼、器官對輻射、猛烈撞擊、飲酒過量的反應也會有所不同。我們將過著與人類全然不同的生活。

另一個問題則是涉及人數。假如我是唯一的永生者，我將看著朋友們在我的人生來來去去。我將和不同的人建立各種人際關係，而且到最後可能沒有人和我有關係，徒留下逐漸模糊的記憶。假如少數人跟我一樣得到永生（如那些付得起藥水錢的富豪），我們不就相當於一個新品種的人類了嗎？假如無數人都得了永生，最終必將面臨空間不足的問題，容納不下新生的人類，男女關係終將出現變化，想生小孩這件事就必須徹底修正。

卡在空間不足，便很難詳細探討各種可能的永生情況以及對人類的影響。我們把主要的考量放在生活乏味和漫無目的。

假如我是世上唯一的永生者，而且保有過去的記憶，明白自己的生命正在延續，那麼數百萬年之後，難道我不會因為又要重新跟人建立關係，而覺得人生無趣嗎？假如全世界的人都是永生者，難道我不會因為整天和同樣的人見面，而覺得人生無趣嗎？

有人會回應說，說不定有些生活樂趣也可以無限次重複享受，說不定我們可以不斷想出新的人生計畫。舉例來說，假如我對數字問題情有獨鍾，我可以用更多數學題目填滿我的無限時間，盡情探索更大的數字和它們的屬性，畢竟，數字是沒有盡頭的。又或者像嗑藥那樣，我可能喜歡某種強烈的感覺，希望永遠重複體驗這種感覺。又或者我想要重複聽同一首曲子，例如貝拉（Béla Bartók）的弦樂四重奏，無限次重播。又或者，我真的可以這樣嗎？

即便解決了無趣和恐懼問題，我們還是得面對動機問題。如果事情可以拖延到明天，何必今天做呢？反正有無數個「明天」，任何事情都不用急著今天做。更甚者，由於人生看不到盡頭，如果不反覆欺騙自己人生有盡頭，我們不免要懷疑人生有什麼架構可言。矛盾的是，儘管許多人認為，人生最終若走向死亡就毫無意義，但是，讓人生失去意義、引起漫無目的之感覺的，也許是永恆不朽的生命。

❄ ❄ ❄

人生要有意義，就需要有個終章。我們需要死亡來完成人生的架構，促使我們對有限的人生做出規畫。這並不是暗示人類現今的壽命已經是理想長度。或許活個一千歲會（或可能）更好。我提出這些問題，只是想挑戰一般認為永恆生命極為珍貴的假設。假如沒有生命終點的概念存在，我們可能會開始質疑，該如何評斷什麼樣的人生是值得嚮往的、什麼不是。既然有限生命和不朽生命幾乎南轅北轍，我們可能想知道，「我」會永恆不朽是什麼意義。

藉由上述提問，也展現出一個邏輯觀點。

「永遠希望事情如此」和「希望事情永遠如此」兩者之間是有差異的。假設每一天，我都能選擇即刻死亡，或多活一天。要是每一天我都選擇多活一天——我就會長生不死——但是，我卻可能選擇不要長生不死。也許，我們總是渴望擁有多活一天的可能性。但是，或許我們大多數人都知道，我們並不想要每天且永遠活著的這個可能性。壞事我們當然希望早點結束，而奇怪的是，好事也需要有個終點。

迷思33．外面世界與我們內心的野蠻人。
迷思31．無限大到底是多大？有比無限大更大的嗎？
迷思7．誰要買穩賠不賺的瓶中精靈？

生命

迷思33

外面世界與我們內心的野蠻人。

當一項計畫、一個大學課程、一段人生或一本書接近尾聲時，你可能會想要暫時抽離並重新思考。而哲學家們隨著日漸成熟——視茫茫、髮蒼蒼，腦子愈來愈不好使——他們也會暫時抽離，給自己重新思考的空間。他們凝視過往人生，凝視哲學反思的整體價值。他們以智者的視角去凝視，彷彿歲月的成熟能拂去青春的面紗，讓被遮掩的事情真相和事情應當如何得以浮現。然而，這可能不是什麼智慧的表現，只不過是對周遭的嘆息和對世界的倦怠。

出於對世界的倦怠而非出於智慧，現在，我要來提一個關於「野蠻人」的問題。野蠻人，barbarian 這個字的起源，據說是古希臘人聽不懂外來民族如綿羊叫聲般「巴拉巴拉」的說話，於是就把這種不會說文明世界語言（指當時的希臘文）的人稱為 barbarian，這個詞本來也只是指「外邦人」，後來才衍生出未開化、野蠻的意義。他們強大、繁榮、驍勇善戰，就是少了點什麼。他們少的是文明，在當時是指希臘文明。

野蠻人生活在城牆之外，他們住在外面。到了今天，甚或一直以來，他們也住在裡面——城市裡，還有你我的心裡。這種野蠻性格，可透過社會環境、透過社會法律、社會結構及掌權者被激發出來。而這個野蠻性格，體現在外便是一種時代精神（Zeitgeist）。

你（內心）認為，在一個社會中，什麼樣的行為叫做野蠻呢？假如這個問題聽起來很負面，換個方式想想：一個美好生活或文明生活需要什麼條件？哪些事情會破壞我們的美好生活呢？用本章關鍵字「野蠻」來提問，那就是：

在這個時代，誰是野蠻人？

競爭優勢與科技進步，為我們帶來美好且文明的生活，雖然有時我們也夢想著反璞歸真，遠離科學塵囂。然而，不可諱言，對許多人來說，水龍頭一開就有水、夜裡有燈光、麻醉藥的發明與社會福利政策，無一不為生活帶來莫大的便利。因為如此，我們得以空出時間進行思考、文學與藝術創作。然而我們非常清楚，科技進步也觸發了我們野蠻、粗俗與卑劣的一面。觀眾成了被鎖定的目標，藝術成了一門大生意，教育的目的是為了左右經濟。我們也明白，在物質尚匱乏的社會或人群，仍可能擁有你我缺乏的素養和感官感受。他們也許能覺察天空中的細微變化，看出地墊上的編織紋路；他們也許能從神話和傳統中得到洞見。

你馬上能想到社會中的一些野蠻行徑：無端的侵略行為、自私自利、被商業主義激發的欲望，還有一出事就怪別人的亂象。到底什麼是野蠻人？我們現在就來討論幾個潛在的想法。

野蠻人是物質主義者，這是我們普遍的理解。物質主義涉及日益增長、以自我為中心的消費行為，並涉及更多的欲望。只要財力允許（甚至不允許也是），野蠻人就要炫富，他們戴金錶、穿名牌、開名車。他們追求擁有更多，縱情更多酒色，而這些物質競爭都無法提升一個人的想像力與素養，無法讓人精進。數量與即時性凌駕了品質和品味，淹沒了人們反思與延遲享受的能力。過去人們凝視天空色彩、威尼斯教堂和羅浮宮藝術而陷入的沉思，已經被拍下更多照片、趕往下一個景點、順道完成血拚計畫所取代。

有人為了走出物質主義，轉而投入宗教。宗教經文多半不鼓勵以自我為中心的無節制行為，而是將重心轉向心靈層面。然而，一部分宗教信徒旋即陷入另一種野蠻行徑，即灌輸信仰，強迫他人接受他們認定的「美好生活」，如強制女性戴面紗、認定婚外情為犯罪行為。

要求絕對服從就是一種野蠻，無論是源自宗教立場或政治意識形態。幸好，我們不必仰賴宗教信仰，就可以拒絕物質主義庸俗的過度消費行為。我們不需要信仰上帝，就能欣賞秋日裡的落葉翩翩、樂章裡的音符流轉、頸部線條的優雅，以及感受別人的需要。甚至於，我們不需要信仰上帝，也能珍視經文裡的某些教誨。請注意，我只有說「某些」，有些經文內容是非常需要強烈反對的。

❄　❄　❄

「只不過」的態度，滋養了野蠻人。物理化約論*或是科學至上論（不同於前者的一種「唯物主義」），認為愛、審美以及我們面臨濤天巨浪和暗黑天空的敬畏，都「只不過」是一種神經狀態，可以從化學變化和演化心理學的角度去解釋。科學至上可能野蠻地誤導我們貶低愛與美的價值——矛盾的是，它也會貶低追求真理的價值——從而斷定我們能做且應該做的一切就是滿足欲望。當然，假如科學至上確實貶損了世間的價值，它也一併貶損了野蠻人推崇自我滿足的價值觀。

生命

我們應該要質疑化約論與科學至上論。科學定律解釋不了敬畏、美麗與真理追尋。科學定律解釋不了漂亮、皮箱和襯裙。的確，我們可以說明讓我們敏感、敬畏和精進的來源是什麼，但並不能說它們現在的存在不是表面上看到的樣貌。冰塊的組成來源是過去形成的氫原子和氧原子，但它今天的樣貌仍然是冰冷和堅硬的。

寧做不滿足的蘇格拉底，也不做滿足的豬。

這句話出自於維多利亞時代才學出眾的彌爾。無論是擁抱物質主義，或是誤解科學主義會帶來不良後果的那些野蠻人，就是那隻滿足的豬。彌爾拒絕過著豬一般的生活，強調追求更高層次的快樂和更好的品格——因著自然、詩歌與音樂而生的快樂，以及高尚、仁慈且誠實的品格。一旦體驗過更高層次的快樂，就能領略它的好——至少彌爾是這樣想的。當然，彌爾的看法不一定正確。對人生的價值標準，有很大的空間可思考、推理和爭

＊編註：Physical Reductionism，是一種哲學思想，主張任何複雜現象皆可由分析現象之內的基本物理結構來解釋，並試圖將某種科學簡化為另一種科學，用某種科學詞彙去解釋定義另一門科學。

論。當你願意思考、推理和爭論人生價值，便已脫離了野蠻人一族。

可別把「快樂」當成人生的目標了。快樂不是衡斷人生的方式；我是說，不應該是。一個比較好的說法源自於希臘文 eudaimonia，意思是要活得「繁榮興旺」。彌爾與許多人所宣揚的美好與快樂的人生，其實是繁榮興旺的人生。但是，彌爾似乎忽略了一點：貪欲和色欲的滿足、酒足飯飽的滿足、甚至懶散和幸災樂禍的滿足，這些跟對事物的敏銳度與卓越感，僅有細微差別。一個繁榮興旺的人生，可以是如歌劇般心靈豐富的人生，也可以是追求愉悅滿足的人生。

我們需要時常反思，以真正擁抱繁榮興旺的人生。運用想像和覺知，真誠本心地活出「自己的」人生，並且伸出雙手迎向他人。當然，這樣的人生仍然存在風險，畢竟事情總會出錯。現在我們就面臨到一種野蠻行徑：期待事情總是一帆風順，幻想我們就該過得舒舒服服，出點小事就要求賠償。

「知道東西的價錢，卻不知東西的價值。」這句話總結了一部分的野蠻行為。野蠻人背負著欲望的重擔，追求所謂的「好東西」，甚至當成甜蜜的負荷。重擔壓得他們抬不起頭，只能往下看。於是，他們看不見道德提升和自我精進，看不見在這平凡和不平凡的生活中，可能存在著淬鍊、控制和細微差別。

❄　❄　❄

卡瓦菲（C. P. Cavafy）在其詩作〈等待野蠻人〉（Waiting for the Barbarians）當中描述，那些等待著野蠻人到來的人們，最終領悟到外面根本沒有野蠻人，於是他們全都陷入疑惑。

矛盾的是，繁榮興旺的人生，需要野蠻人的存在。因為有野蠻人，我們才會警惕，才會追尋更美好的事物，才不至於自己也成了野蠻人。令人費解（甚至不開心）的是，也許我們該感謝那些沒教養的人、那些開著豪華大轎車的人，甚至那些把閃亮亮的燈泡或亂糟糟的床鋪當成美學在展示的「藝術家」。

外面的世界需要野蠻人，不過，我們的內心不需要。

> 而現在，若是沒有野蠻人，我們會變得怎麼樣？
> 那些人，湊合著還算是個辦法。

回想卡瓦菲，那位「戴著草帽的希臘紳士，紋風不動地佇立著，側著些微角度面向宇宙」*。這提醒了你我皆知的一件事：我們也能以些微側著的角度，面向宇宙佇立著，用我們自己的視角，把鏡頭帶向周遭的自然與人文風景、思想和藝術風景——向著對我們揮手的友人、向著陌生的微笑女子、向著曾經有過的親密回憶、音樂和幽默。唯有如此，我們才能從另一個視角看待自己和他人的人生。這個視角可能是滿懷抱負、鼓舞人心的，可能是無奈而鬱悶的，可能嚴肅或荒誕、理性或感性、穩定不移或變化萬千。這個視角可能刻畫著天堂或人間，看到了生而有時、終將失去。縱然混雜千頭萬緒，都是我們自己的視角，是我們鏡頭下的真實人生。

當我們反思、不斷淬鍊自己看世界、擁抱世界（以及被別人擁抱）的觀點時，我們就是在拒絕野蠻的行徑。這就是身而為人的樣子。這就是身而為……的樣子……

一個戴著草帽的希臘紳士，
紋風不動地佇立，
側著些微角度面向宇宙。

＊譯注：此為英國作家愛德華·福斯特（E. M. Forster）對卡瓦菲所做的描述，兩人結識於第一次世界大戰之時。

國家圖書館出版品預行編目（CIP）資料

草泥馬也會談戀愛嗎？33 篇療癒系哲學難題與解答／彼得凱夫（Peter Cave）作；丁宥榆譯. -- 初版. -- 臺北市：日月文化, 2020.04
272 面；14.7×21 公分（Life Map；5）
譯自：Do llamas fall in love?
33 perplexing philosophy puzzles
ISBN 978-986-248-874-4（平裝）

1. 哲學　2. 文集

107　　109002957

Life Map 05

草泥馬也會談戀愛嗎？
33 篇療癒系哲學難題與解答
Do Llamas Fall in Love?
33 More Perplexing Philosophy Puzzles

作　　者：彼得・凱夫 Peter Cave
譯　　者：丁宥榆
名詞審訂：朱家安
責任編輯：鄭莉璇
校　　對：曹仲堯、鄭莉璇
封面設計：Summerise
內頁排版：張靜怡

發 行 人：洪祺祥
副總經理：洪偉傑
副總編輯：曹仲堯
法律顧問：建大法律事務所
財務顧問：高威會計事務所

出　　版：日月文化出版股份有限公司
製　　作：EZ 叢書館
地　　址：臺北市信義路三段 151 號 8 樓
電　　話：(02) 2708-5509
傳　　真：(02) 2708-6157
網　　址：www.heliopolis.com.tw
郵撥帳號：19716071 日月文化出版股份有限公司

總 經 銷：聯合發行股份有限公司
電　　話：(02) 2917-8022
傳　　真：(02) 2915-7212
印　　刷：中原造像股份有限公司
初　　版：2020 年 4 月
定　　價：320 元
I S B N：978-986-248-874-4